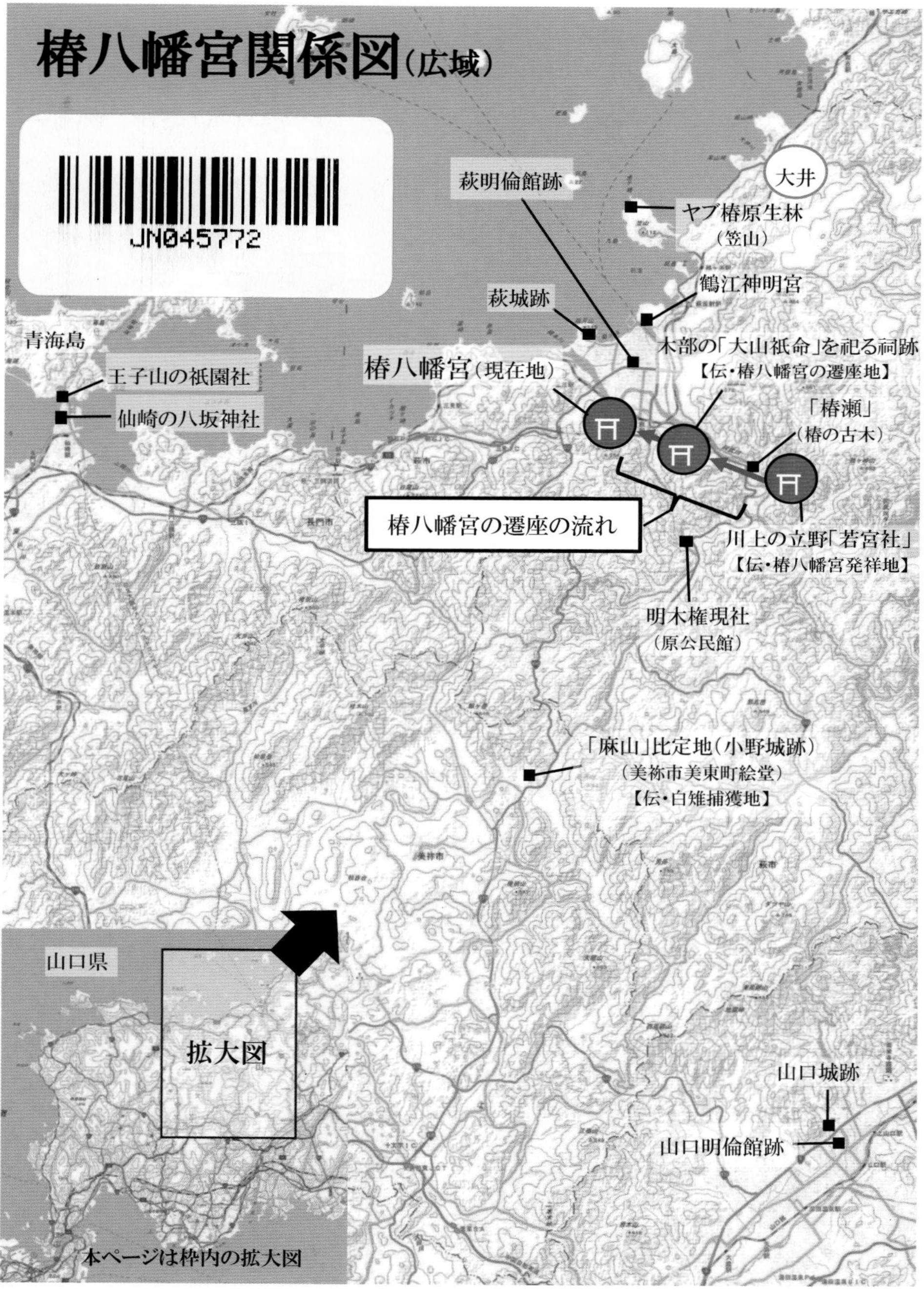


（「国土交通省国土地理院地図」より作成・令和5年6月）

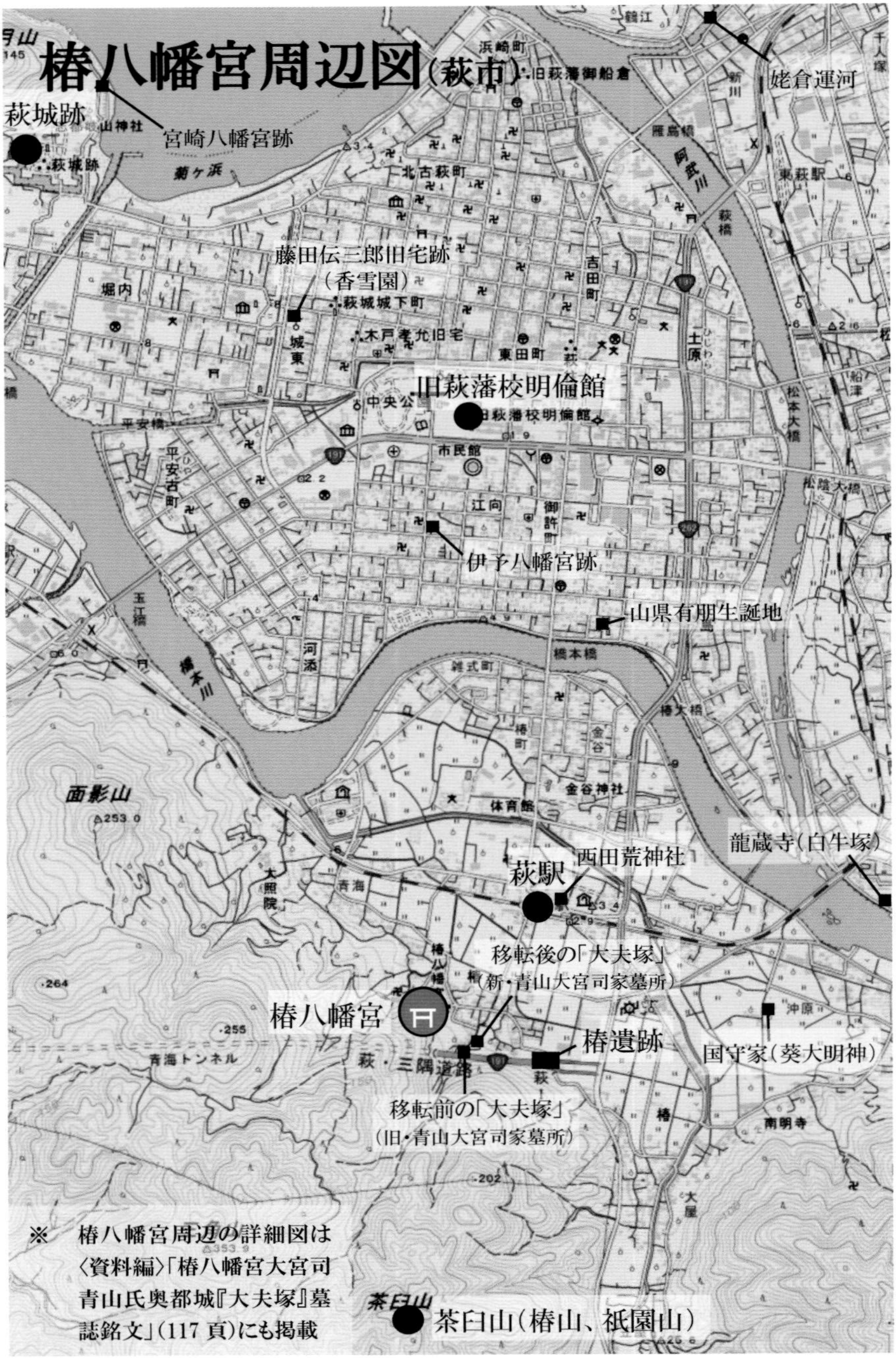


（「国土交通省国土地理院地図」より作成・令和４年12月）

# 椿の杜◎物語

椿八幡宮社史刊行委員会

編著　堀　雅昭

*Hori Masaaki*

## 装丁　UBE出版

表　紙　椿八幡宮拝殿正面（平成二七年五月）
扉　左・錦旗「蜀紅錦日像金」（慶応四〔一八六八〕年・部分）
右・錦旗「蜀紅錦月像銀」（慶応四〔一八六八〕年・部分）
（東京国立博物館蔵・一〇〇頁参照）
扉　裏　「イチョウ」の照葉が映える秋の椿八幡宮（萩市提供）
目次扉　椿八幡宮境内下の椿（令和五年三月）
目次　上部　同　右
目次　下部　笠山椿群生林の椿（令和五年三月）
第一章扉　桜満開の椿八幡宮（令和五年三月）
第二章扉　藩政期の椿八幡宮周辺風景（『御国廻御行程記』）
第三章扉　青山清肖像（靖国神社蔵・青山隆生氏提供）
第四章扉　椿八幡宮図（『明治二十八年　古社寺取調書　阿武郡』）
裏表紙　白雉献上の図（『八江萩名所図画　一』）

# ご挨拶　椿八幡宮社史刊行委員会名誉会長・野村興兒

萩の歴史を語るとき、椿八幡宮は最初に出てくる古い神社です。

私も子供のころ、よくお参りに行っておりました。しかし時は流れ、周りの風景も、すっかり変わりました。

椿八幡宮は、奈良の東大寺大仏の再建と関係が深いと本書には書いてあります。

長門国守護の佐々木四郎高綱が阿武御領（後白河法皇の御領）から材木を伐り出し、大仏再建を成功させたことで鎌倉の鶴岡八幡宮から分霊し、仁治四（一二四三）年に旧川上村（現、萩市川上の立野）に創建されました。

それが木部（現、萩市椿沖原南部）を経由して、現在地に正和三（一三一四）年八月に移ってきたのです。

時代は下り、毛利氏が治めるようになりますと、幕末に宮司の青山上総介が討幕戦で招魂祭を主導しました。

維新後に青山清の名で靖国神社の初代宮司になったように、椿八幡宮は近代の幕開けでも功績を残しました。

このように、長きに渡り日本史に影響を及ぼしましたが、実は明治以後に一度も社史が作られておりません。

そこで神社ゆかりの方々が、社史刊行委員会を立ち上げられ、埋もれた歴史を発掘して一冊にまとめられることになりました。取材や執筆は山口県在住の歴史ノンフィクション作家・堀雅昭さんが担当されます。

これを機に、多くの方々に椿八幡宮の歴史を知って戴き、今よりさらに萩を愛して戴けたら嬉しく思います。

令和五年九月

（元萩市長・至誠館大学学長）

# はじめに

会津藩家老の子孫で「右翼のフィクサー」だった田中清玄氏が、靖国神社を「長州の守り神にすぎない」（『田中清玄自伝』）と揶揄していた。そんな《長州神社》の源流が、萩城近くの椿八幡宮であったことは意外と知られてない。この神社から靖国神社の初代宮司が出現していたからだ。とはいえ歴史は古く、仁治四（一二四三）年三月一五日に旧川上村に創建されてから、地頭の三好康久が正和三（一三一四）年八月に二度目の遷座をしたのが、現在の椿八幡宮である。その地には、さらに古い祇園社が鎮座していた。

このため初代宮司の伊桑宗吉は、祇園社神主の椿友家の娘婿である。開化天皇一五（紀元前一四三）年の創建伝承を持つ祇園社を母体とするなら、椿八幡宮の歴史は古代にさかのぼる。しかも祇園社を護った古代豪族・椿一族の手で、椿八幡宮が引き継がれたことも見えてくる。

椿一族のルーツには、大化の改新後に「穴戸」（現、山口県）で捕獲された白雉を朝廷に献上した草壁連醜経（日下部醜経）がいた。『日本書紀』の「白雉」（六五〇年）の改元話で知られる白雉の捕獲地は、銅の産地の美祢市美東町絵堂近くの「小野城跡」界隈が比定されている。

そもそも古の祇園社は、近くの椿山の山頂で椿の神霊を祀っていたという。ところが醍醐天皇に捨てられた盲目の逆髪親皇（第四皇子）が流れ着き、椿の大樹を伐った際に現在地に遷座していた。このとき別に長門市仙崎に分霊したのが、仙崎に鎮座する八坂神社（旧・王子山の祇園社）との言い伝えがある。長門鋳物師は「都波木鐵屋」（椿金屋）の他に、「瀬戸崎」にも拠点があったと『防長地名淵鑑』は語るので、椿氏は何かと銅（金属）と関係の深い古代豪族だったようだ。

椿八幡宮の神紋「橘」

逆髪親皇は伝説上の人物だが、萩に住んだとされる近松門左衛門が、この逸話を題材に浄瑠璃「蝉丸」を手掛けているので、民俗学的に興味深い話ではある。ともあれ椿八幡宮は中世には大内氏、近世には毛利家に庇護され、維新期には靖国神社初代宮司となる青山清が現れた。

青山清が幕末に造ったであろう二基の八角形墓も神社近くに残る。彼が幕末、下関で阿弥陀寺を八角形の陵墓に設えて赤間神宮に改変したり、八角形をモチーフとした吉田神道を信奉した家系であったことが、人を神として祀る八角形墓の本質を教える。また彼が出入りした山口で、討幕の拠点となる西洋式城郭・山口城が、天皇の玉座を思わせる「八稜城」(『山口移鎮記』)だったのも面白い。村田峯次郎は『防長近世史談』で、文久三年の春ころに尊王攘夷派から「八稜城」計画案が出たが、未完のまま「頓挫した」と語る。あるいは椿八幡宮の創建者の佐々木高綱が、吉田松陰の叔父・玉木文之進や乃木希典の祖であったのも《長州神社》を彷彿させる。

私が呼びかけ人となり、社史の刊行委員会を立ち上げたのも、こうした日本史の謎を解きたかったからだ。そして今回、《長州神社》の全貌を著わすことができたのも、青山大宮司家ゆかりの親戚縁者から関係資料を提出して戴き、地域の古老からの聞き書きを整理することができたからである。最初で最後という感じもあり、協力してくださった皆様方に感謝している。

令和五年九月

堀　雅昭

# 目次

## 第三章　青山清の明治維新



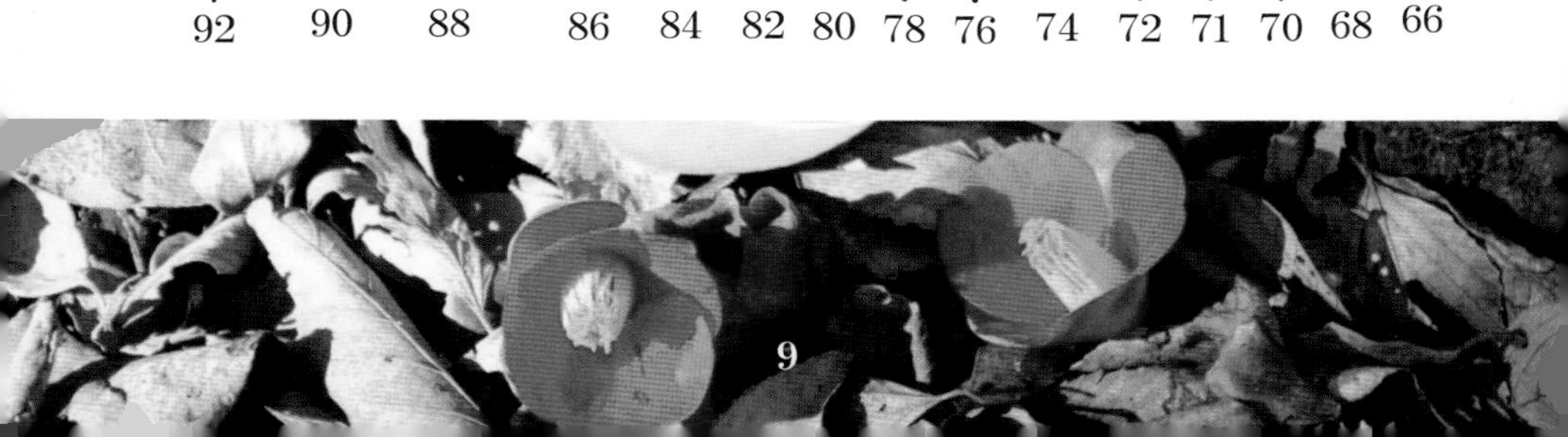

## 第四章　明治以後



## 資料編



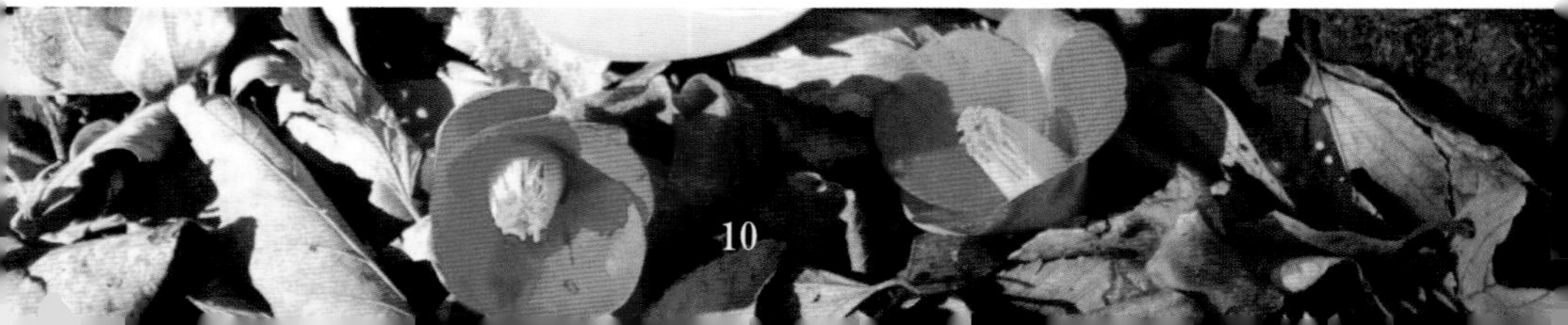

# 第一章　古代への誘い

本章では椿八幡宮の母体となった祇園社（椿の神霊を祀る社）を護った椿一族や周辺遺跡との関連、鎌倉時代初期に長門国守護の佐々木高綱により椿八幡宮が創建された歴史的背景を読み解く

仁治四年三月十五日鎌倉将軍源頼経卿相州鶴岡ヨリ當郷江遷シ奉ル其願主ハ佐々木四郎高綱是ヲ啓レシム也

正和3（1314）年の2度目の遷座以来、現在地に鎮座する椿八幡宮（令和5年6月）

椿郷八根本祇園之社
ニシテ然モ自出現之
靈地也其開基ヲ考
ルニ人皇第九代開化
天皇之御宇ヨリ粗
神跡トシレリ
（『椿八幡宮御由緒旧記』）

椿八幡宮の歴史は、母体の祇園社まで遡れば、古代にまで到達する。

かつて山口県西部には、穴戸国造と阿武国造が置かれていた。それが大化の改新（六四五年）の行政改革により穴戸国に統一され、阿武国造の支配地は、その後に成立した長門国の阿武郡となる。

一方で、椿八幡宮創建前の椿郷の支配者は椿一族であった。

実は、現在の社殿の場所に鎮座していた祇園社の神主は椿友家（『四社略系』）であった。そして、椿友家のころまでは「安武郡ノ郡主」であり、「椿ノ長」であったと『萩市史　第一巻』は語る。

「椿大宮司家系図」（『四社略系』）の冒頭は、前掲の椿友家であり、祖先には、孝徳天皇の時代に白雉を朝廷に献上した「椿何某」がいた。すなわち『日本書紀』の「草壁連醜経」である。

古代豪族・椿一族に関しては、平安期の康和四（一一〇二）年一一月に大井の光明山の山頂に埋納された経筒が知られている。現物は失われたものの、『経塚遺文』の記録によると、願主は天台僧の惟超、銅施主は椿武則、鋳師は雀部重吉とある。椿武則が材料の銅を提供しているので、椿一族が古代における銅の元締めであった可能性も浮かび上がる。

歴史研究家の山本博は、椿氏の本拠地を大井と見立てた（「長門の地頭見島氏一族」）。そこは阿武国造の拠点と重なる。あたかも彼らと入れ替わるように輪郭を現す椿一族は、鎌倉期には、地頭領主の武士の姿になる。

一方で、平安末期の阿武郡は、皇室御領「阿武御領」と呼ばれるようになっていた。文治二（一一八六）年に後白河法皇が東大寺を再建する際、当地から木材が供給されたのもそのためである〔※1〕。

長門守護の佐々木四郎高綱（以下、佐々木高綱）による仁治四（一二四三）年三月一五日の椿八幡宮創建伝承も、この国家事業の残影であろう。

椿一族の痕跡を留めた椿八幡宮には、南北朝時代の貞和三（一三四七）年と文和元（一三五二）年の二つの古文書が所蔵されていた。

それによると、「十八郷八幡宮」として椿、徳佐、奈古、高佐、吉部、地福、紫福、生雲、福井、川島、三見、須佐、大井、宇生賀、福田、弥富、嘉年、小川などの総鎮守だったという。

〔※1〕「吾妻鏡」の文治三年一一月一〇日の箇所に、「佐々木四郎左衛門尉高綱申して云はく」、「去ぬる九月の比、周防国の杣においてこれを採る」とある。渡辺世祐「長門阿武御領に就いて」（『山口県地方史研究　創刊号』）にも関連事項が記載されている。

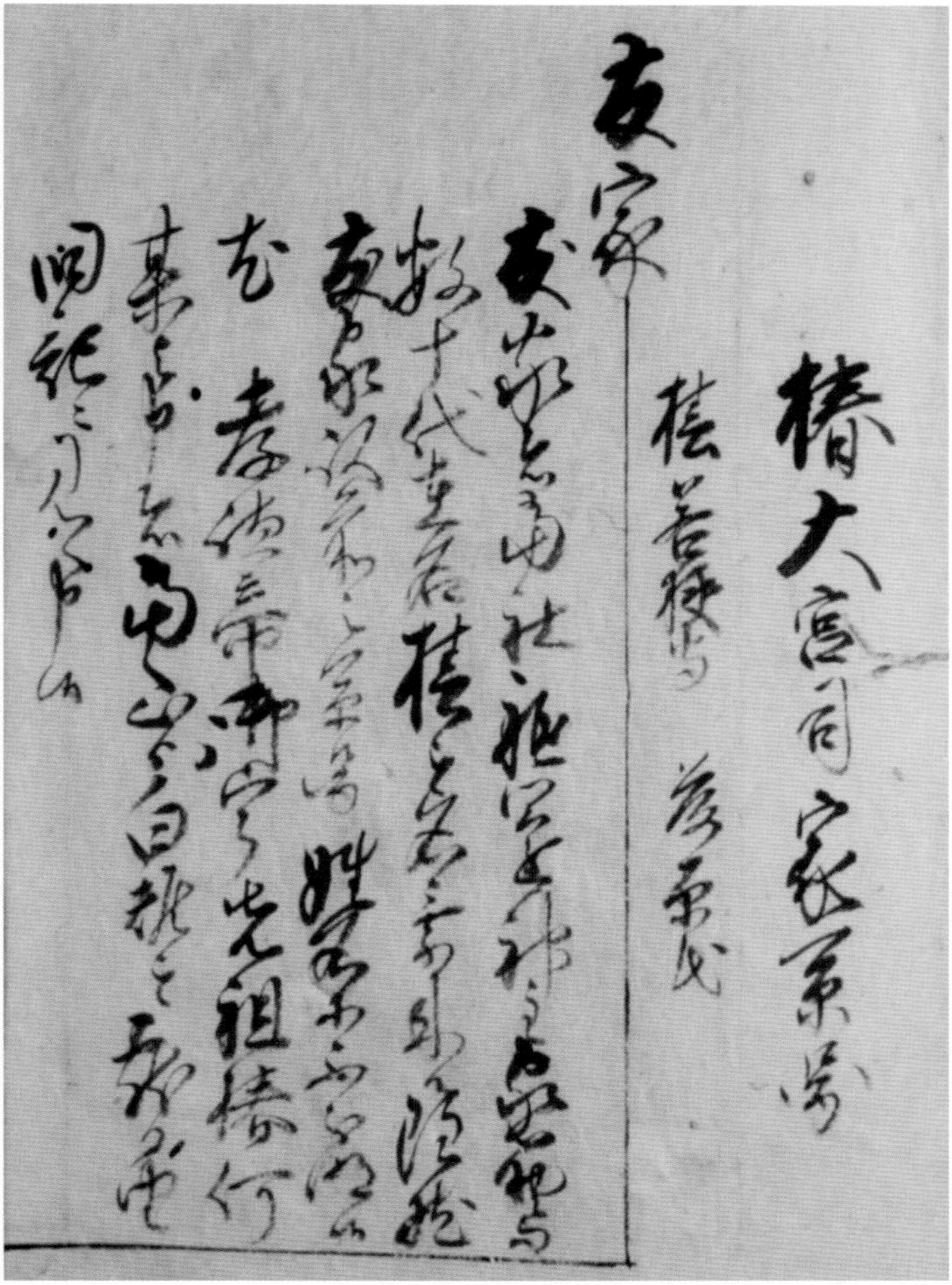

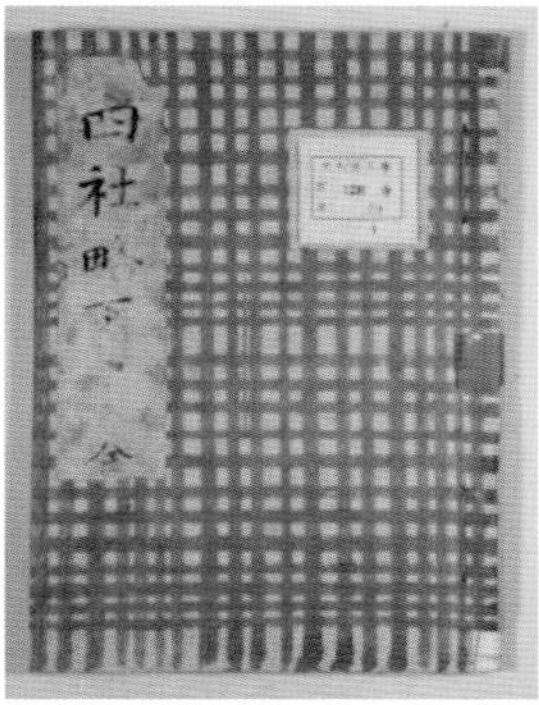

㊤『四社略系』（山口県文書館蔵・毛利家文庫）の「椿大宮司家系図」の冒頭

「椿若狭守　藤原氏　友家
友家者當社祇園神主家筋ニ而数十代在名椿ヲ名乗来雖然友家以前之系図姓名等不分明候、尤　孝徳帝御宇、先祖椿何某与申者当山ヨリ白雉を献ル由旧記ニ見へ申候」（翻刻文）

㊦『四社略系』の表紙（前同）

私の曾祖母の祖父の家であった青山大宮司家は、藩政期から椿八幡宮を経営していた。その一族の墓（青山大宮司家墓所「大夫塚」）が神社近くの山際にあったが（九四-九五頁）、萩・三隅道路の改修工事で平成二〇（二〇〇八）年三月に移転した（一一八頁）。

移転先は古くからの墓守である近くの塩見久浩氏（故人）宅の敷地内だ。

実は、この道路工事の試掘調査時に、茶臼山の北麓（椿八幡宮の約四〇〇メートル北東）から弥生時代から平安時代の遺跡が出ていた。平成二一年四月から発掘が始まったその地から、橙色の甕の底部分（弥生土器）が出土してもいた。更に約一キロメートル東の、阿武川沿いの霧口遺跡からも、かつて弥生土器が出ていた。

弥生時代から神社周辺に住んでいた人たちの生活圏が、平安期以後に拡大したようにも見える。

例えば「霧口」の地名も、鎌倉初期の東大寺再建時に材木の運搬用に造られた堰の切口の展字という。

ところで、萩市域での古い遺跡は、椿八幡宮より東の大井地区に集まる。そこには縄文時代から古墳時代にかけての遺跡が多く、円光寺古墳などは阿武国造の被葬地とも推測されている（『萩市大井地区所在遺跡』）。

大化の改新で消滅した阿武国造の勢力が西に移動し、椿八幡宮近辺の椿遺跡に投影されたようにも見える。

萩のデルタ地帯は、阿武川が東の松本川と西の橋本川の分岐で形作られ、椿八幡宮が鎮座する大字の椿地区は橋本川の南側の南明寺山、茶臼山、三角山など三〇〇メートル級の山々に囲まれている。

そこには、もともと弥生時代の小集落があったが、八世紀の奈良の大仏建立やその後の再建の材料供給地となり、政治や祭祀の拠点として成長したように見える。

、茶臼山で「祇園社」を祀ってきた古代豪族「椿氏」が、阿武国造の消滅と共に出現したのは偶然なのか。

考えてみれば、椿八幡宮の創建時の大宮司家が、椿一族の系譜だったのも興味深いことであった。

実際、椿遺跡からは「足」に似た文字が墨書された須恵器が出土し、役人が書いた可能性も指摘されている。

庶民階層が使わない高級な緑釉陶器の破片も出土していた。

山口県埋蔵文化財センターによれば、「付近に官衙的な施設が存在していた可能性もある」（『山口県埋蔵文化財センター調査報告　第72集　椿遺跡』）ということだ。

「官衙」とは古代の役所のことである。大井地区から椿地区へと文化が開けたことだけは確かなようである。

㊤左　「椿遺跡」から出土した土師器杯身。「足」に似た墨書が確認できる（奈良－平安時代・山口県埋蔵文化財センター蔵）

㊤右　「椿遺跡」から出土した緑釉陶器片（平安時代前期・山口県埋蔵文化財センター）

㊦　椿八幡宮と椿遺跡の位置

（Map data：Maxar Technologies、Planet.com、地図データー©2022 Google より作成）

椿八幡宮の母体「祇園社」の神主・椿友家について「椿神主家系図并由緒之事」（『椿八幡宮御由緒旧記』）は、数十代「椿氏」を名乗り、「孝徳天皇之御宇ニ至テ椿氏何某ト申者、當山ヨリ白雉ヲ献ル」祖先がいたと明かす。

この話は『日本書紀』の孝徳天皇の箇所にも見える。白雉元（六五〇）年二月九日に朝廷に白雉を献上した「穴戸国司」の「草壁連醜経（くさかべのむらじしこぶ）」と同一人物のようだ。

実際、『椿社記并御判物写』の「地主神祇園神社」は、祇園社の「社務」を穴戸国造「草壁連醜経」が兼任していたと述べている。草壁氏は下関の住吉神社の山田大宮司家の祖先（『防長人物誌』）にも比定され、椿一族と同祖の可能性もある。青山大宮司家の「青山家歴代霊神代（巻子本）」の冒頭にも、「日下部醜経大人命ヨリ拾代之祖等神霊代」と記されている。

前掲の『日本書紀』は、白雉は「国造首の一族の贄が、正月の九日に麻山（おのやま）で捕らえた」と記す。

このとき孝徳天皇は、「わが祖先の神のお治めになる穴戸国から、このよきしるしが出現した」と歓喜していた。

年号が「大化」から「白雉」へ変わり、穴戸国に三年間の税金免除が行われたこの出来事は、「大化の改新」（行政改革）の成功を祝ったものだ。

続いて一五年後の天智天皇四（六六五）年八月に「城を長門国に築く」とあり、「穴戸国」が「長門国」に改称したことがわかる。これは「大化の改新」で阿武国造が穴戸国造に合併し、全体が穴戸国に変更され、さらに「長門国」に改称したことを意味する。

白雉の捕獲地は、木梨恒充が『八江萩名所図画　二』に、「美祢郡麻山」と記し、竹籠入りの白雉を描いている（本書裏表紙）。『防長風土注進案美祢宰判』（諸村書出括）は、「麻山」は小野地名がある赤村と語る。

美祢市美東町絵堂の「銭屋遺跡」の北東の「小野城跡」界隈である。長登銅山のすぐ北で「城山」と呼ばれていた場所だ。大内氏家臣の「刀禰何某」の居城だったようで、関西大学名誉教授の網干善教氏は、白地捕獲地の研究のため、平成二年七月と一〇月に、現地調査をしていた〔※1〕。

さて、白雉を献上した草壁氏の末裔・椿友家の娘が、平宗盛の末裔の平宗吉に嫁し、椿と平の「両家ヲ一家ニシテ」伊桑姓となり、椿八幡宮の創建時の宮司・伊桑宗吉になっていた。

『椿八幡宮御由緒旧記』によれば、椿友家までが「源氏」系で、伊桑姓から「平氏」系ということである。

〔※1〕網干善教「長門国〈赤〉と〈長登〉―白雉改元の故地―」（関西大学考古学等資料室彙報『阡陵』二二巻〔1990-11-30〕）。

日下部醜経大人命ヨリ拾代之祖等神霊

妙應霊神　享保十辛亥十二月十七日

伊奈方勝霊神　天正七年十二月廿一日

伊奈宗安霊神　天正十六年十二月廿一日

青山元親霊神　元和九年九月六日

青山宗勝霊神　寛文七年四月廿五日

青山冨春霊神　元禄九年十一月八日

青山遺跡霊神　享保六年四月廿五日

青山奇護霊神　明和八年五月二日

青山頻居霊神　寛政三辛亥十二月十三日

青山重嶋霊神　文化十三丙子閏八月十八日

青山長宗霊神　天保十二辛丑十月十七日

㊤ 美祢市美東町絵堂の真教寺と背景に見える小野山〔小野城跡〕。
白雉が捕獲された「麻山（おのやま）に比定される（令和4年12月）

㊦ 「青山家歴代霊神代」にはルーツが「日下部醜経大人」と記されている（東京・青山本家蔵）

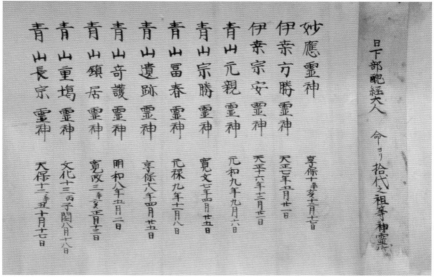

『防長風土注進案　當島宰判』は、椿八幡宮の南西の茶臼山頂上に大内氏家臣の岩成豊後守の山城があり、かつて椿山とも呼ばれていたと記す。

山頂の椿の大樹は夜ごと光りを放ち、光の届く範囲が「椿郷」になったという。あるいは岩成豊後守が城を構える前は、「椿樹の精神」を祀る祇園社が山頂に鎮座していたとも語る。

祇園社の創建は、開化天皇一五（紀元前一四三）年三月一五日という。奇遇にも祇園社を祀った椿一族のルーツ「草壁連醜経」も開化天皇の末裔だ。草壁が朝廷に献上した白雉が、「大化の改新」の瑞物なら、実際の創建も、阿武国が穴戸国に統一された「白雉」（六五〇年）頃の可能性はある。

詳細はともかく、南山の麓に祇園社の神「百歳の翁」ことスサノオノミコトが現れ、自分が当地の神と村役人に告げたことがあったという。その南山に宮を建てて「椿の社」とし、そこから東南を「神にあふ」場所として「穴戸」と呼んだとの古伝も興味深い。

この祇園社は、現在の椿八幡宮の境内に「清神社」の名で残る。麓に降りたのは、この地に流れ来た逆髪親王（「佐加賀美親王」）が、山頂の椿の大樹を伐って祟りが起き、椿の神霊が、椿山（茶臼山）の木を伐ることを禁じたときだ。祟りを畏れた親王が祇園社を麓に降ろし、同時に「瀬戸崎」にも勧請したのである。後者は長門市仙崎の八坂神社（祇園社）になっている。

以上の伝承は、「椿八幡宮並末社祭神鎮座由来記」（山口県文書館蔵）や木梨恒充の『八江萩名所図画　二』、『長門国誌　長門金匱』などに見える。

萩では逆髪親王が、青海の永福寺を建立して、本尊を据えたという話も残る（『防長風土注進案』）。「逆髪」とは、延喜の帝（醍醐天皇・在位八九七―九三〇年）の第四子で、盲目ゆえに捨てられた「蝉丸」の能に由来していた。能では姉が「逆髪皇女」として登場するが、萩では姉弟の混同がある。

実際の「蝉丸神社」は滋賀県大津市に鎮座するが、萩の逆髪親王伝説は、浄瑠璃「蝉丸」を手掛けた近松門左衛門が「長門萩の人なり」（『名家漫筆集』）といわれたように、近松の長州出身説との関わりから眺めると、別の意味で興味深い。

ところで亡くなった逆髪親王は大照院のある面影山に埋葬され、生前に写経した法華経と一緒に埋めたので「経納」と名付けられ、後に「京野」の地名になったと伝わる。

その後、毛利氏の時代となり、大照院が建立（明暦二〔一六五六〕年）される際、親王の神霊が濁淵の西田荒神社に祀られたのである（『防長風土注進案』）。

㊤ 椿八幡宮の境内に「荒神 祇園 稲荷」の3社が鎮座している。参道入り口に「（西田）荒神」（○印）が鎮座する（山口県文書館蔵『地下上申絵図〔清図・椿西分〕』）
※下は翻刻図

㊦ 椿八幡宮境内の神楽堂。背景に、椿の巨樹と祇園社の旧鎮座地伝承のある茶臼山（椿山、祇園山）が見える（令和4年12月）

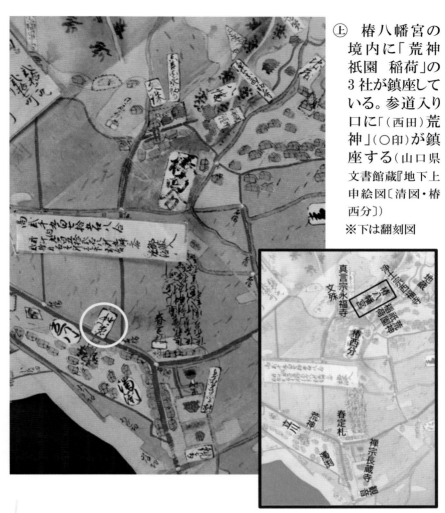

## 《コラム》西田荒神社

椿八幡宮の近くに、毛利家の偶数代藩主の菩提寺・大照院がある。その背景の面影山にも、椿の大樹があったとの伝承があり、霊椿山大照院が正式名称となっている。

『防長風土注進案　當島宰判』によると、そもそもは平安京を造った桓武天皇の勅願の「観音寺」として開山され、後に「歓喜寺」となり、毛利氏の時代を迎えたようだ。荒廃していた「歓喜寺」を、二代藩主の毛利綱広が、父・秀就（初代藩主）の菩提寺として承応三（一六五四）年から明暦二（一六五六）年にかけて大照院として再建したものだった。

面白いのは、大照院の再建に際して、かつてその地に埋葬されていた逆髪親王（醍醐天皇の第四皇子）の神霊を椿八幡宮から下った所にある西田の荒神社に祀ったという話である。御神体は八寸一分（二四センチメートル強）の「逆髪親王御霊石」であった。

この「西田」の地名については、椿八幡宮の神田のうち「西ノ方之神田」と『防長地下上申　第四巻』（「椿西分由来書」）は記す。『地下上申絵図』（清図・椿西分）に立川の「荒神」として描かれている西田荒神社は（二二頁）、萩駅前の㈲おおしまペイントの隣接地に、寛政八（一七九六）年九月に建てられた石鳥居と小祠として今も残っている。

逆髪親王を祀る現在の「西田荒神社」。この辺りが、かつて椿八幡宮の参道入り口であった（令和4年12月）

# 《コラム》　王子社と八坂神社

椿八幡宮の母体である「祇園社」の、もうひとつの移転先である長門市仙崎祇園町の八坂神社を訪ねた。仙崎漁港近くの、金子みすゞの詩「祇園社」の題材にもなった古社だ。しかし仙崎では、逆髪親王伝説は消されていた。

社頭に設置された「八坂神社略誌」は、遣唐使の吉備真備が帰朝時に仙崎港に立ち寄り、後に改めて青海島側の王子山に祇園社を祀ったのが〔※1〕、はじまりとする。

その後、建保四（一二一六）年の台風で社殿が崩れたので洲崎（現在の御旅所）に遷し、寛文一二（一六七二）年の火災で社殿が焼けたので、延宝六（一六七八）年に現在地に再建したとのことだ。

一方で、青海島に入ってすぐの大泊港の「王子祠之跡」と刻まれた石碑の場所から石段を登ると、最初の鎮座地「王子山の祇園社」が残っている。昭和一三（一九三八）年八月に建てられた「王子社」の扁額のある石鳥居と、苔むした石灯籠と小祠だけしかない、崖っぷちの森の中だ。樹木の間から下に、鮮やかに海面が見える。

とはいえ、興味深い一致もあるのだ。椿八幡宮近くの「青海」の地名は逆髪親王を見る「王見」が転じたもので、親王が「瀬戸崎」に勧請した祇園社の鎮座地も「青海島」だった。地域のアイデンティティーを地名が残したのであろう。椿八幡宮と仙崎の八坂神社は、基層でつながっていた。

〔※1〕『防長風土注進案　前大津宰判』（瀬戸崎浦）では吉備大臣（吉備真備）が仙崎港に寄港した時期を天平五（七三三）年三月としている。

左　仙崎の八坂神社
右　青海島の王子山の祇園社〔跡〕
（いずれも令和４年12月）

古代に椿郷が栄えていた様子が、萬葉集の歌から読み取れる。

長門なる　沖つ借島奥まへて
　吾が思ふ君は　千歳にもがも
（巻第六　一〇二四）

長門守（ながとのかみ）の巨曾倍津島朝臣（こそべつしまあそん）が詠んだ万葉歌である。長門の国にある沖の「借島」のごとく、奥ふかく吾が思う君は、千年にもあってほしい〔※1〕という意味が込められていた。

天平一〇（七三八）年八月二〇日に右大臣の橘家（諸兄の家）での宴で、巨曾倍津島朝臣が、自らが「守」（律令国家時代の地方長官）を務める長門国の風景を歌にしたものといわれる。

「借島」は下関の蓋井島ともいわれるが、ここでは金子元臣氏の『萬葉集評釈（第三冊）』の説を踏襲したい。すなわち萩市鶴江台近くの「鴈島」をカリシマと音読した可能性だ。現在は松本川河口の陸地だが、砂州の形成前は島であったこと、あるいは北西に位置する指月山が、かつての「借島」であった可能性にまで言及する。

一方で、同じ萩でも村田峰次郎は『品川子爵伝』で、「借島とはこゝの見島を指したるものなりとぞ」と、萩市の北方四四キロメートルの海上に浮かぶ見島（和牛の原型「見島牛」のいる火山島）を「借島」に比定した。

いずれにせよ、「借島」が萩界隈であったことは共通している。

きわめつけは、天正一五（一五八七）年に豊臣秀吉の島津攻めに際して筑前の箱崎の陣営まで同行した細川幽斉〔※2〕の「九州道の記」（『日記紀行集』）に登場する「かり島」だ。

細川幽斉は同年五月七日に石見（島根県）の浜田を出発したのち、「長門国にいたり」、海辺の島々を見ながら行くと、「かり島」という場所があることを聞いたと語るのである。

その直後に登場するのが「小畑といふ湊」で、そこに「唐船」が着くので野次馬見物をしに行ったのだそうだ。

小畑は椿東の小畑で、鶴江台の付近だ。「かり島」の存在を、その界隈で耳にしたなら、やはり萩であろう。

そもそも萩は藩政期に「當島宰判」と呼ばれていた。『長門金匱』に、「當島と云萩八河内の島なり」と見えるので、三角州にできた「島」の意味があったのだろう。そうであれば、萩全体が「借島」であった可能性もある。

〔※1〕土屋文明『萬葉集私注　三』の解釈。
〔※2〕戦国大名・細川藤孝。熊本藩主の基礎を築いた肥後細川家の祖。鶴崎裕雄「天正二〇年（文禄元年）の細川幽斎：豊臣政権下の文芸の一特徴」（『国文研究』56　2011-06-30　熊本県立大学日本語日本文学会）

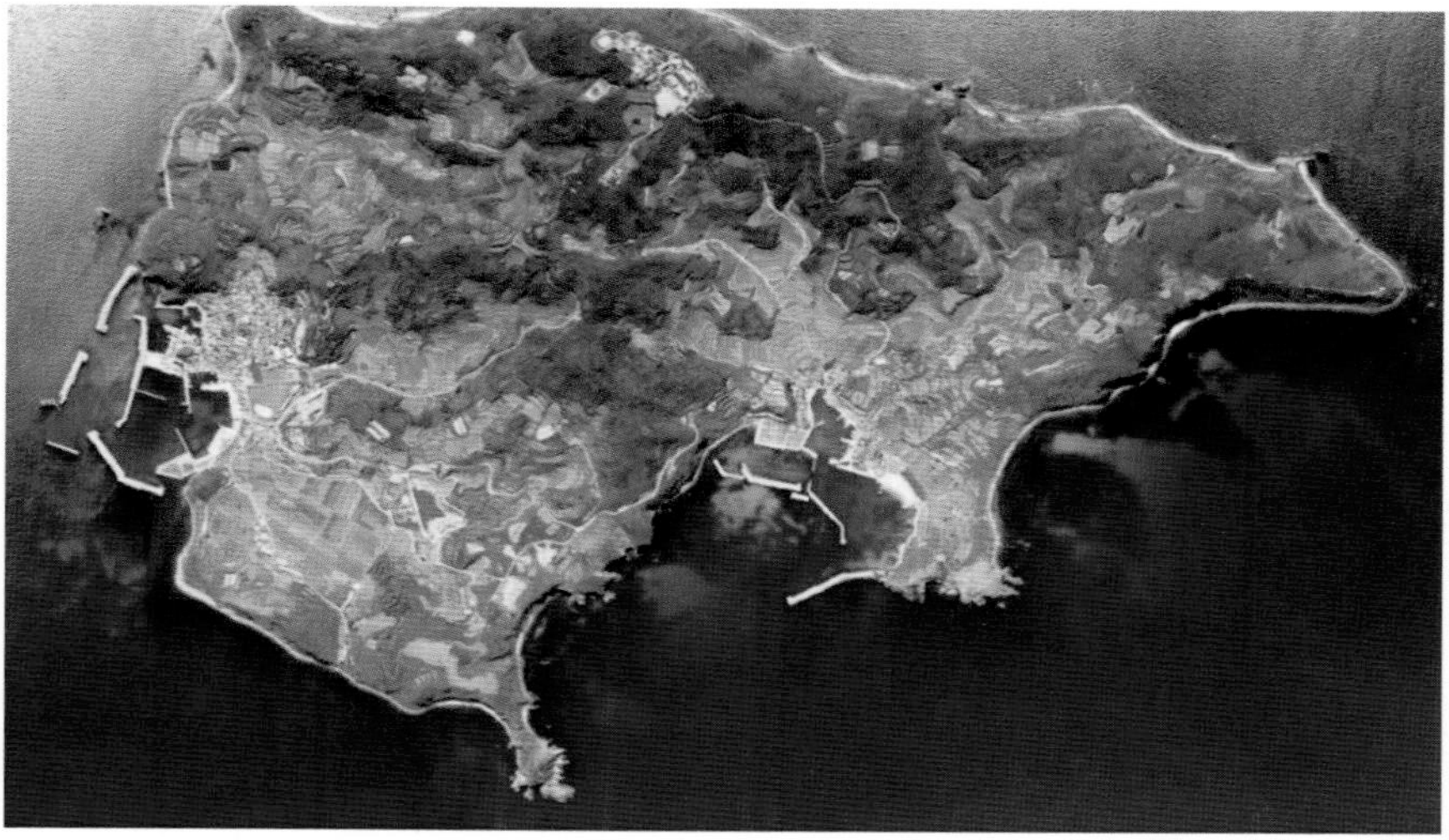

㊤ 田床山より萩市街を眺望。松本川河口の右手の緑の台地が鶴江台。左手前方で、海に突き出しているのが指月山。三角州ができる前は、これらは島であり、萬葉集に歌われた「借島」も、この界隈にあったと考えられている（平成 27 年 5 月）

㊦ もうひとつの「借島」候補地の「見島」（萩市提供）

# ⑥ 椿常行と鶴江神明宮

萩では松本川（東）と橋本川（西）に挟まれる三角州が、「川内」と呼ばれ、城下街の観光地で知られている。

その松本川の河口を越えた先が鶴江台という島であった。とはいえ、幕末の嘉永五（一八五二）年一一月から始まった姥倉運河の開鑿により、陸と切り離された人工島である。

そんな鶴江台にも、椿氏にまつわる古社が鎮座する。椿八幡宮の青山大宮司家の分流〔※1〕である高田宮司家が、藩政期から代々護ってきた鶴江神明宮（椿東鶴江四〇一一）だ。

同宮の由来は、日本海に面する地だったので、昔から新羅や百済の海賊が出没し、その防御地だったことに関係があった。すなわち平城天皇の時代に、椿郷の長者「椿氏常行」に奏問して、「荒人」という人物が「大歳」と「明神」の二社を建立したそうだ（『防長寺社由来 第六巻』『椿神社縁起』）。

平城天皇は桓武天皇の長子で、八〇六年から八〇九年まで在位しているので、平安初期の創建になろう。

そして、ここに登場する椿常行も、椿山（茶臼山）の祇園社を護った古代豪族の椿一族の一派と思われる。ただし、鶴江神明宮の創建から近世までの歴代宮司の名は、わかってない。

鶴江神明宮が、麓から山頂の現在地に遷ったのは享保八（一七二三）年であった（青山大宮司家四代・宗直が詠んだ祝詞・高田家旧蔵）。

同社もまた歴代萩藩主・毛利氏の庇護を受け、三代の毛利吉就、四代の吉広、九代の斉房の氏神となり、八代の治親、一〇代の斉熙から篤く崇敬された（『山口縣神社誌』）。

残念ながら平成二一（二〇〇九）年二月二日の火災により、社殿は全焼し、古文書類も焼けたが〔※2〕、本書の監修である青山隆生氏が焼失前に撮影した古文書や宮司の肖像画などがデーターとして残ったことで、本書ではそれらの資料を利用することができたのである。

現在の本殿には天照大神と豊受大神が祀られているが、それとは別に荒人神社も鎮座している。

〔※1〕高田姓は青山大宮司家初代・青山（左近）元親の故郷と同じ安芸国高田郡に由来する。青山大宮司家から分かれるきっかけは、享保四（一七一九）年に萩藩主五代毛利吉元が椿八幡宮下社の鶴江神明宮を参拝したことにあった。このとき青山大宮司家五代の青山（権少輔）敬光が分家を作り、「高田数馬藤原重次」に鶴江神明宮を継がせたのである（『靖国の源流』一五二頁）。

〔※2〕平成二一年二月三日付『朝日新聞』が「社務所と住宅全焼 萩の鶴江神明宮」と題して報じている。

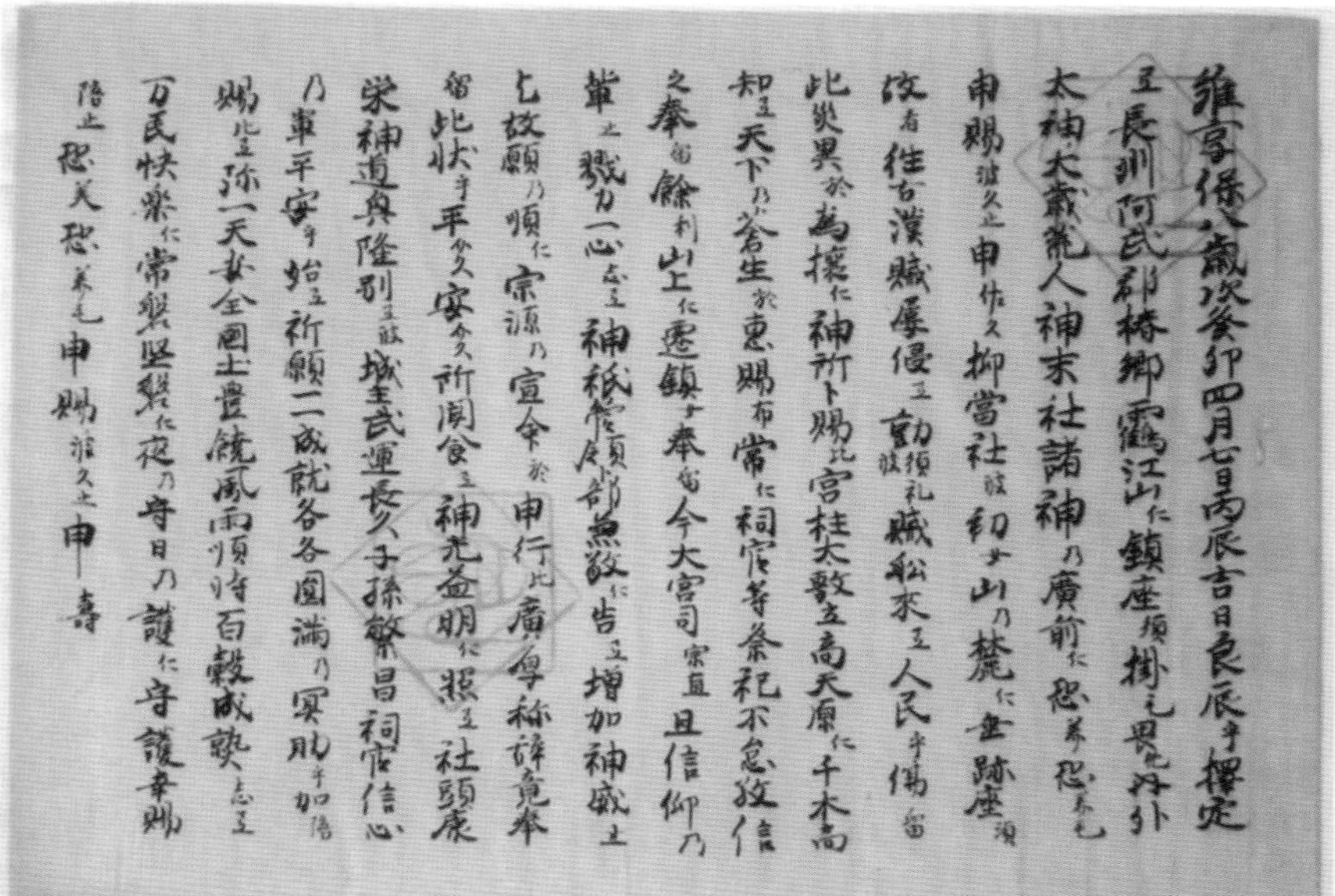

維享保八歳次癸卯四月七日丙辰吉日良辰乎撰定
氐長門阿武郡椿郷霊鶴江山仁鎮座須掛毛畏伎丹外
太神大歳荒人神末社諸神乃廣前仁恐美恐美毛
申賜波久止申佐久抑當社波紅ヶ山乃麓仁舊跡座須
故者往古漢賤屋優天勧請礼賤船來天人民乎偶留
此災異於為攘仁神祈卜賜比宮柱太敷立高天原仁千木高
知天天下乃蒼生於恵賜布常仁祠官等祭祀不怠致信
之奉留餘利山上仁遷鎮奉留今大宮司宗直且信仰乃
輩止戮力一心志天神祇惟頃部無致仁告天増加神威止
七故願乃頃仁宗源乃宣命於申行比廣尊称辞竟奉
留此状乎平久安久所聞食天神光益明仁照天社頭康
栄神道與隆別天波城主武運長久子孫繁昌祠官信心
乃輩平安乎始天祈願二一成就各各圓満乃冥助乎加倍
賜比止弥一天安全國土豊饒風雨順時百穀成就志天
万民快楽仁常盤堅盤仁夜乃守日乃護仁守護幸賜
倍止恐美恐美毛申賜波久止申壽

㊤　享保8(1723)年に鶴江神明宮を麓から山上に遷座する際に青山大宮司家4代・宗直が詠んだ祝詞。吉田神道の朱印「神代正印」が捺されている（高田家旧蔵）

㊦左　焼失前の「鶴江神明社」
㊦右　高田宮司家第4代「高田勝繁肖像」（高田家旧蔵）
〔いずれも焼失して現存せず・青山隆生氏提供〕

# ⑦ 椿の古樹

椿八幡宮の源流というべく茶臼山の椿の大樹は、今では所在が不明である。しかし付近には、往古「椿郷」と呼ばれていた面影が残る。

有名なのは、萩市街地より約四キロメートル北西の笠山の虎ケ崎にあるヤブ椿の群生林である。

萩城の鬼門（北東）にあたることから、藩政期は樹木の伐採が禁じられ、椿の原生林が残ったという（明治期に伐採が解禁されて大木は伐られた）。毎年、二月半ばから三月にかけて「萩・椿まつり」が開催される場所として知られている。

あるいは椿八幡宮の末社であった上野荒神社（椿東字上野九一九番地）のヤブ椿も根回り一六〇センチで、萩市の指定保存樹木になっている。

現在は高田荒神社と呼ばれるこの古社は、『椿八幡宮誌』（山口県文書館蔵）に大同二（八〇七）年の創建とあり、鎌倉期に創建された椿八幡宮本体より更に古い。高田荒神社については、青山大宮司家・第五代の青山敬光が記した「椿郷東分　神社由緒並縁起写（『防長寺社由来　第六巻』）に、「往古より崇敬しきたると古老」が伝える社で、「毎年四季の土用」に祭りを行ってきたと見える。

他にも、阿武川上流のかつての川上村に、「椿瀬」の地名が残る。

『防長風土注進案　當島宰判』には、椿山（茶臼山）の頂上にあった椿の大樹が、東側の枝から花が咲き始め、椿瀬川が、阿武川に注ぎ込む椿瀬の水面に映ることから、「椿瀬」の地名になったと説明が見える。

しかも椿瀬には椿の大木も残る。

幹の周囲は約二メートル、樹齢は約四〇〇年で、椿のある場所には安野家の墓があって、もともと社があったとも伝えられている（『川上村史　資料編』）。

いまその椿の太い幹は途中で折れているが、枝が張り出し、春には赤い花びらが鮮やかに咲く。

笠山の椿群生林（令和５年３月）

㊤左　萩市川上〔旧川上村〕の「椿瀬」の椿の古樹（令和5年3月）
右上　上野（高田）荒神社の椿の全景　右中　同社の椿と石段（同上）

㊦　椿八幡宮の境内下の椿（同上）

# ⑧ 白牛伝説と与牧権現社

『椿八幡宮御由緒旧記』には、仁治四（一二四三）年三月一五日に鎌倉将軍源頼経（藤原頼経）の命を受けた長門国守護・佐々木高綱が、鎌倉鶴ヶ岡八幡宮から神霊を勧請して、椿八幡宮を創建したと書いてある。

佐々木高綱が長門国守護になったのは文治二（一一八六）年〔※1〕。したがって創建は五七年後になる。このため国学者・近藤清石は、仁治が文治の誤りであるか、年代が正しいなら、創建者は佐々木三郎守綱ではないかと指摘する（『山口県風土誌（十二）』）。

それはともかく重要なのは、佐々木高綱の赴任の理由が、東大寺再建に際して、阿武御領を預かる地頭の土肥遠平の妨害阻止にあったことだ（『萩市誌』）。

近くの金谷天神（天満宮）は、高綱が赴任した文治二年に創建したと『防長風土注進案　当島宰判』は伝える。「金谷」は鋳物師の拠点であり（『防長地名淵鑑』）、東大寺の銅の関係から見ると興味深いものがある。あるいは椿八幡宮も、この時期に創建準備されていたとも考えられる。

実際、阿武御領（後白河法皇の御領）だったことで、椿郷には東大寺創建や再建関連の古史古伝が非常に多い。

有名なのは、阿武川が分岐する手前の右岸・中津江の龍蔵寺の「白牛伝説」である。こちらは聖武天皇が天平勝宝四（七五二）年に東大寺を創建した際の関わりが伝わっている。

阿武御領から伐り出した材木を運ぶ車牛を曳く白牛の働きが良いので、牛飼の勘右ヱ門に「国守」姓が与えられ（三四頁）、天皇の勅額「白牛山龍蔵寺」が下賜されたというのだ。その白牛の埋葬地に、大同元（八〇六）年に龍蔵寺が建立されていた（『萩古実未定之覚』）。一説には、このとき国守氏が奈良から勧請したのが春日神社とも伝えられる（『萩市史　第一巻』）。

これ以来、椿郷の三角州は牛の牧場の牛敷庄と呼ばれ、後に川島庄と呼ばれるのである。

そこに祀られた産土神が椿八幡宮末社の与牧権現社であったのも面白い（『防長寺社由来　第六巻』）。中津江古畑台地の突端に鎮座〔※2〕していたその社は「江牧社」とも呼ばれ、寛元二（一二四四）年に勧請されていた。

青山左近（元親）が記した「椿社記并御判物写」には、椿郷は東分、北分、西分に分かれ、北分を「萩」と称し、与牧権現社は「萩」の総鎮守とある。

〔※1〕「長門国守護代記」（『山口県史　史料編　中世1』）。

〔※2〕鎮座地は文禄の役（一五九二〜三年）で連行された李勺光が藩政期に復興した「中津江窯」のあった場所という（『萩の陶磁器』）。

㊤　白牛伝説に彩られた龍蔵寺の「白牛塚」〔右〕（令和 4 年 12 月）

㊦左　平安時代に「長門国」から「牧牛」の「皮八張」が朝廷に貢上されていたことを示す『延喜式　民部下　二十三』（享保8〔1723〕年・山口県立図書館蔵「防陽多賀宮文庫」）

㊦右　龍蔵寺境内の「白牛舎」（令和 4 年 12 月）

仁治四（一二四三）年三月一五日に椿八幡宮を創建した佐々木高綱は、すでに見たように、東大寺再建のために赴任した長門守護であった。

この佐々木の子孫が、吉田松陰の叔父・玉木文之進と、その親戚筋の乃木希典の家であったのも興味深い。

なお、『椿八幡宮誌』や近藤清石の『山口縣風土記（十一）』、木梨恒充の『八江萩名所図画　二』には、最初の鎮座地は旧川上村の立野で、つぎに木部（現、沖原南部）に遷ったとある。旧川上村は木材と銅の産地（遠谷鉱山）で、木部も木材ゆかりの地だった。

現在地へは、正和三（一三一四）年八月に三好康久〔※1〕が遷座させていた。『吾妻鏡』は文治五（一一八九）年二月三〇日に、阿武郡の地頭・土肥弥太郎遠平が「御造作の杣取（そまとり）のために、地頭職を去り…」と、材木伐採を妨げた土肥遠平の辞任を記している。三好康久は交代後の地頭であり、東大寺再建派であった。

『四社略系』は椿八幡宮大宮司家の冒頭に椿友家を据える。彼は祇園社の神主で、娘婿の伊桑宗吉が、事実上の椿八幡宮の初代宮司である。

以後、椿八幡宮は、❷伊桑友国、❸伊桑国次、❹伊桑宗通（文明三（一四七一）年に多良と改姓）、❺多良忠定、❻多良宗実、❼多良幸重、❽多良方勝、❾多良宗安と続いた〔※2〕。

東大寺再建に関して、阿武郡が良質の山林「杣」の地であったことは、光俊朝臣の「長門ナル安不ノ郡ノ杣板八唐土人モスサメサリケリ」の歌（『長門国志』）でも知られる。『防長風土注進案　當島宰判』には、川上村に名木の育つ「杣木谷」地名もある。

実は川上の立野には「椿八幡宮の発祥地」と伝わる「若宮様」が鎮座する。文献的には萩城内の宮崎八幡宮境内「日吉神社」（旧・山王権現〔山口県文書館蔵『神社帳　長門　参』〕）を明治五（一八七二）年に遷座した椿八幡宮末社だが（『椿八幡宮誌』）、もともと何らかの祭祀地だったのだろう。

その後、八幡神は木部に遷るのだが、山本博氏は、佐々木の命を受けた地頭の三好康久（木材の斬り出し、集積、管理、都送りを担当）が木部に居館を定めて祀ったと見立てる。そして建久六（一一九五）年に東大寺が再建されたので、祇園社の地に再遷座したとの流れだ（「長門の地頭見島一族」）。

確かに往古に「木部」と呼ばれた沖原の国守家にも、東大寺建立に関わる葵大明神が鎮座しており、更に約五〇〇メートル南東には、椿八幡の旧鎮座地と伝わる跡（三五頁）も残る。

〔※1〕三善や三吉の名でも古文書に登場する。

〔※2〕❷～❾は椿家系の歴代宮司代数。

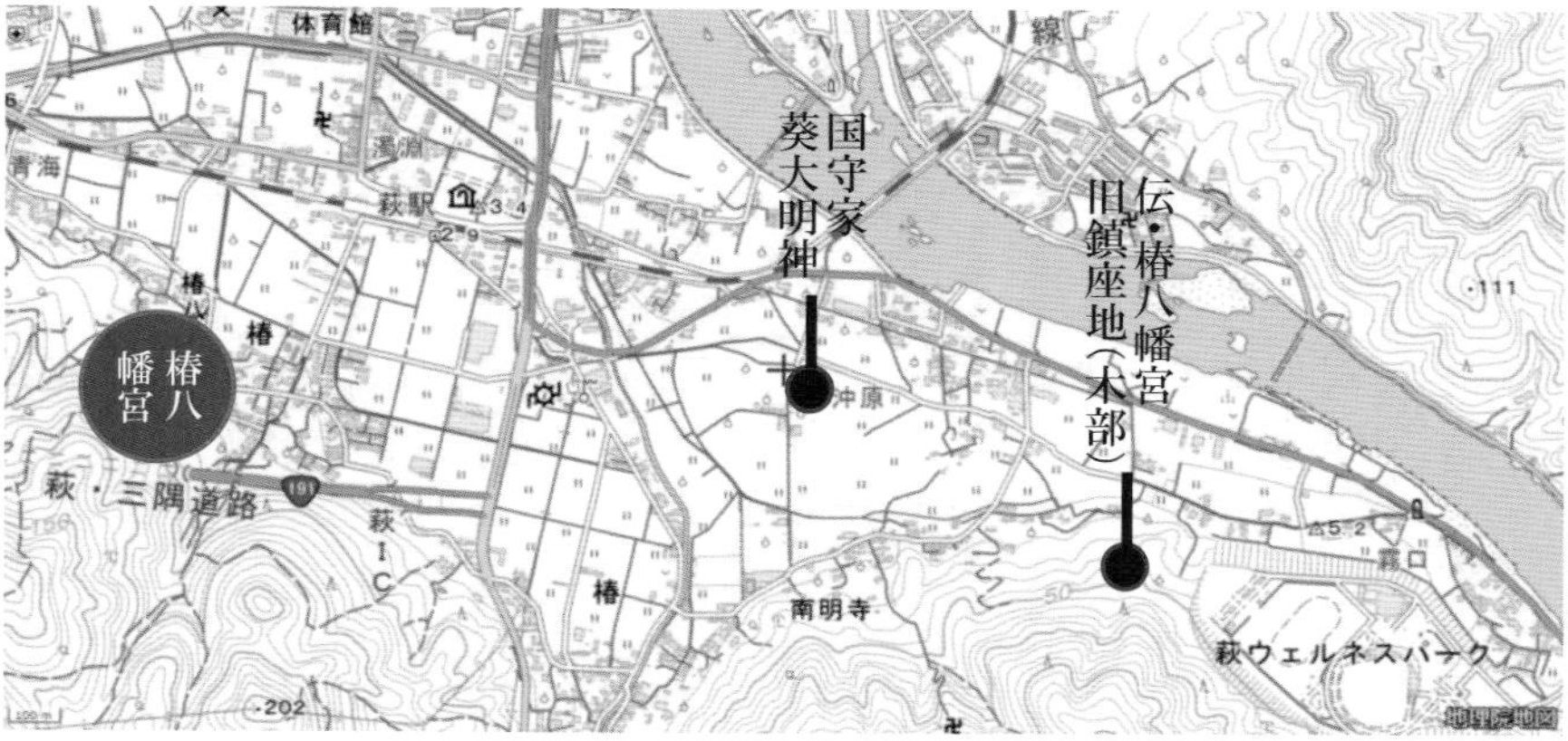


㊤ 椿八幡宮発祥地伝承のある萩市川上の若宮社

（旧日吉神社・令和5年3月）

㊦ 椿八幡宮と「木部」の旧鎮座地（川上からの遷座地）及び国守家（葵大明神）の場所（「国土交通省国土地理院地図」より作成・令和5年3月）

沖原（旧・木部）の国守家は、東大寺建立に関与したことで、中津江の龍蔵寺と共に白牛伝説で知られる。ただし、この伝説は、東大寺大仏殿の三度目の焼失（元禄一〇〔一六九七〕年）後に、地元で表面化したものであった。

発端は、焼失前の元禄六（一六九三）年に、龍蔵寺の住職・渓翁が東大寺建立にまつわる白牛伝説（口碑伝）を東大寺に書き送っていたことにある。

このため、焼失後に再建を志した公慶上人が、五〇〇年前に大仏建立のために重源上人が佐波川上流に求めた木材を自分も探そうと思い立ったのだ。そして白牛の墓のある龍蔵寺を訪ねたのである。

そこで、天平勝宝四（七五二）年の最初の大仏建立期に、白牛を連れて材木を運んだ百姓がいて、その働きが良かったので、聖武天皇から褒美に「国守」姓を与えられたという古伝を聞き出した。公慶上人は歓喜し、元禄七（一六九四）年六月に子孫の勘右エ門に会い、大いに感激した。

こうして元禄一五（一七〇二）年に「白牛山龍蔵寺縁起」を書き残し、阿武御領の白牛伝説は広く知れ渡ることになる（岸浩「私説―白牛山竜蔵寺縁起」）。

以後、国守家の敷地内に鎮座する葵大明神の逸話も、人口に膾炙した。

実際、『防長風土注進案　當島宰判』には、国守家が「葵之前」という女官を朝廷から賜わったが、亡くなったので「姫森社」として祀ったとある。同書が記されたのは、すでに葵大明神伝説が定着していた時期であろう。

自宅の敷地内を案内した国守進氏（山口県立大学名誉教授）によると、明治九（一八七六）年の萩の変で古文書類が焼けて昔のことがわからなくなったが、「うちは牧の長者だったのでしょう」と、牛の放牧で財を成した可能性を示された。

そんな国守家から南東に約五〇〇メートル離れた大山健氏の屋敷近くの山際に、地元で椿八幡宮の旧鎮座地との言い伝えがある場所がある。石垣や石の手水鉢、石燈籠などの残骸が残る地だ。

青海で祖先代々農業を続けてきた椿八幡宮氏子の有田義雄氏（昭和四年生まれ）は、父の繁雄さん（明治三二年生まれ）から、椿八幡宮の旧鎮座地と子供の頃に聞いたそうだ。

とはいえ、『防長寺社由来　第六巻』の「椿八幡宮并末社祭神鎮座由来」には「木部村」に鎮座する「黄幡社」が、「大山祇命」を祀る社で、「先達深河ヨリ引社ニテ勧請ノ由来分明ナラス」と書いているだけだ。この祠跡や国守家の場所は、いずれも旧地名の「木部」であったが、今は詳細が不明である。

㊤　白牛伝説に彩られた自宅の「葵大明神」を案内する国守進氏（山口県立大学名誉教授）。石鳥居は慶応 2 (1865)年 12 月に建てられており、奥に御神木のようなタブの古樹がある（令和4年12月）

㊦　木部の大山健邸近くの椿八幡宮旧鎮座地跡と伝わる地。青海の有田義雄氏（昭和 4 年生まれ）が案内してくれた（令和 5 年 3 月）

# 《コラム》　明木権現社

佐々木高綱の名で、仁治四(一二四三)年三月一五日に川上村立野に創建された椿八幡宮が、木部に遷座し、さらに正和三(一三一四)年八月に、地頭の三好康久の手で現在地に再遷座した。

この間の弘安二(一二七九)年に、椿一族系の初代宮司・伊桑宗吉(椿友家の娘婿)の時代に、明木村に権現社が建てられていた。椿八幡神を分霊した社である。

宮司は、宗吉の縁者の祠官・佐伯某が担った(『椿八幡宮御由緒旧記』『椿神主家系図并由緒之事』)。そして弘安四(一二八一)年に、「三善家」(三好康久と同一人物カ)が、明木村広瀬の土地「五反」を「寄付」していた。

『旧山口藩神社明細帳』には、明木村には「明木社」と、同じく椿八幡宮の末社の「厳島社」が確認できる。『防長風土注進案　當島宰判』(明木村)によれば、幕末には、いずれも椿八幡宮大宮司の青山上総介「抱」の社になっている。

実は前者の明木権現社は、明木川を中所橋で越えた山際に「原公民館」の木札が掲げられた平屋の建物として、今も残る。近くに住む阿部房子さん(昭和一一年生まれ)の話では、少し前まで婦人会が使っていたそうだ。なるほど床の間のような神棚に、御幣が祀られている。

旧・明木権現社の「原公民館」(令和4年11月)

# 第二章　萩藩と椿八幡宮

本章では藩政期に藩主・毛利氏の庇護を受けた椿八幡宮の歴史を、主に歴代宮司の動向から読み解く

# ① 青山大宮司家の誕生

慶長五（一六〇〇）年九月一五日に関ヶ原本戦は幕を開けた。

毛利輝元は大阪城に籠り、養子の毛利秀元と家臣の吉川広家を出陣させた。だが、吉川広家は東軍の徳川方に内通、西軍の情報を流す。時を同じくして小早川秀秋は東軍へ寝返り、西軍は勢力を弱め、徳川家康率いる東軍に敗北した。

現在の萩市に、毛利氏の居城・萩城が建設されたのは、この関ヶ原の戦いの敗戦の結果である。

藩政期から萩椿八幡宮の大宮司を担う青山家は、もとは安芸国の郡山城近くの土師村〔※1〕で八幡宮（現、円通山神社）と高杉神社を護っていた社家であった。このため安芸時代の青山家を、土師青山家と呼ぶ。

すなわち関ヶ原の敗戦により、土師青山家の青山元親（青山左近太夫）に、毛利氏の氏神「平野大明神」を携えての長州入りが命じられたのだ。

それまで土師青山家が護ってきた高杉大明神については、『藝藩通志巻三』の「土師村」の絵図で、可愛川（江の川）の上部に確認できる。裏山の「鐙返（あぶみがえ）し岩」のある峠を越えると、毛利元就が幼少期に住んでいた多治比の猿掛城だ。高杉神社は毛利氏の軍事的な防御地であった。

一方、安芸国山県郡壬生村の神主・井上薩摩守頼定が文政一一（一八二八）年九月二九日に土師青山家において、青山元親（青山左近太夫）に関して記録した古文書「高田郡土師村宮司由緒之事」が残っている。

そこには井上頼定の八代前の井上左衛門三郎（清勝）に青山元親の娘が嫁し、永禄（一五五八-七〇年）、元亀（一五七〇-七三年）のころまで元親が土師村にいたこと。さらには後に、元親が「長門国萩之城下椿八幡宮」の大宮司になったことなどが記されている（翻刻文は『靖国の源流』二〇〇頁）。

こうして青山元親は土師村の高杉神社と八幡宮を井上家に預けて、自らは毛利輝元に従い長州に下り、萩の椿八幡宮の大宮司になるのである。

「大宮司青山家之儀は、江家御氏神平野大明神、於御当家　鎌倉已来御崇敬有て青山家え預られ、青山元祖芸州より御當地え供奉し、当社大宮司となし給由」（『萩市史　第一巻』「萩四社大宮司職家柄之事」）

〔※1〕土師村はダムの建設で水没し、現在は土師ダム（広島県安芸高田市八千代町下土師）となっている。水没前の昭和四二年に宮本常一の調査隊（武蔵野美術大学）が四〇〇年余り続く土師青山家（当時の当主は青山幹生・隆生ご兄弟の父・青山藤登氏）を調査して、『ダムに沈んだ村の民具と生活』に、その調査結果をまとめている。

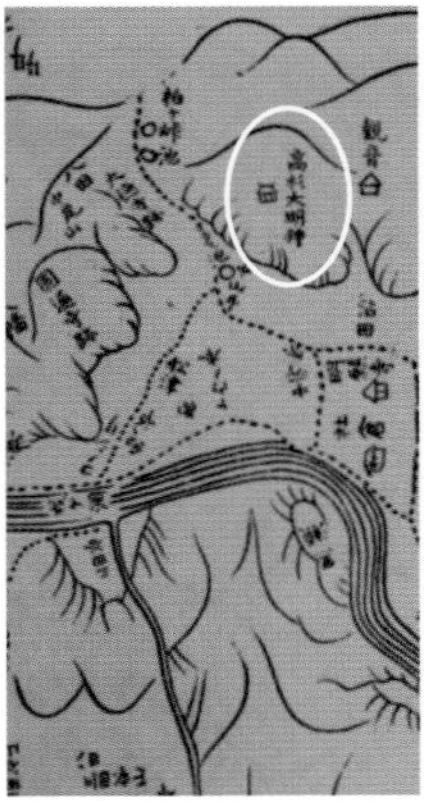


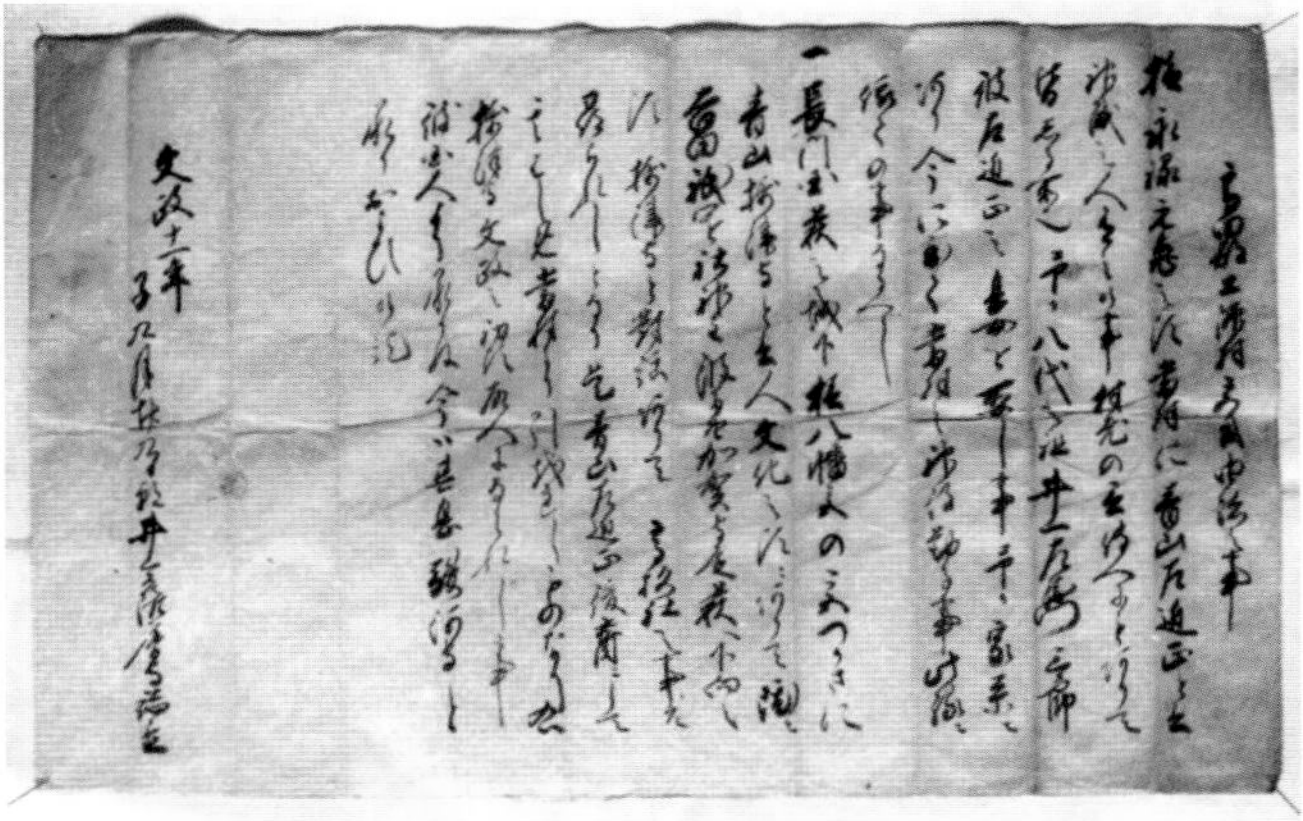

㊤　土師ダムに沈む前の高杉神社（立ち退きが迫った昭和46年ごろ・青山隆生氏提供）

㊦左『藝藩通史　巻三』の「土師村」に描かれている土師青山家の護ってきた高杉大明神（○印）

㊦右「高田郡土師村宮司由緒之事」（青山幹生氏旧蔵）

## ② 青山元親と壬生・井上家

土師村から長州入りした青山元親（左近太夫）の任務は、毛利氏の氏神「平野大明神」を祀ることであった（『椿社記并御判物写』『平野大明神　稲荷相殿』）。

毛利氏が萩に城を定めたのが慶長九（一六〇四）年三月二八日。青山元親に神田一〇石が与えられたのが慶長一二（一六〇七）年五月二六日である（『山口県史　史料編　近世1上』『毛利三代実録』）。椿八幡宮の青山大宮司家は、このころ成立したのだろう。

こうして平野大明神は萩に祀られたが、寛永年間（一六二四‐四四年）から祭りが滞り、所在も不明となった。

安芸国を離れる際、青山元親は娘婿の井上清勝（左衛門三郎）に土師村の八幡宮と高杉神社を預けていたが、その壬生井上家の家系図には、清勝の兄・光俊の箇所に、「従元就公初宮崎八幡宮任大宮司」と見える。椿八幡宮青山大宮司家初代の青山元親の娘婿の兄が、毛利元就が再建した宮崎八幡宮（現、安芸高田市吉田に鎮座）の大宮司でもあったのだ。

実はこの宮崎八幡宮も、慶長一三（一六〇八）年に萩城内に遷されている（『八江萩名所図画　一』）。土師の青山元親と壬生井上家は親戚同士で、共に萩で毛利家の氏神を祀ったのだ。

萩城内の宮崎八幡宮について、「萩四社大宮司職家柄之事」（『萩市史　第一巻』）は、「宮崎社職最前は井上治部と申候」と記している。

壬生井上家の系図では、井上光俊の次が早世した就久。次が毛利輝元に従った元次（拝領前の名は左衛門太夫正重）で、就守こと「治部」が続く。萩の宮崎八幡宮初代宮司の井上治部は吉田兼起・兼連（兼敬）父子から吉田神道の神道三壇を伝授されていた。

ところが萩では延宝七（一六七九）年三月に官位を巡る席順争いで春日神社大宮司の波多野丹宮と争いになり、井上治部が奉行所に訴えられた。その結果、翌延宝八年三月に息子の勘解由と遠島（島流し）になるのである（『毛利十一代史　第二冊』）。

宮崎八幡宮の大宮司は毛利家支配以前に春日神社の大宮司を務めていた吉屋氏が継いだ〔※1〕。天和二（一六八二）八月一五日付の「御再建立棟札」の大宮司名は吉屋刑部藤原重次である（『八江萩名所図画　一』）。

井上治部の処分の重さ（遠島）は異常である。力を持ちすぎた井上家一党を、かつて毛利元就が天文一九（一五五〇）年に誅殺したこと（『長州之天下』）と、この事件は関係があるのか。

明治維新後に外務卿となった井上馨（旧公爵家）も、壬生井上家の分家筋で、青山大宮司家の遠縁になる。

〔※1〕『萩市誌』四七八頁。

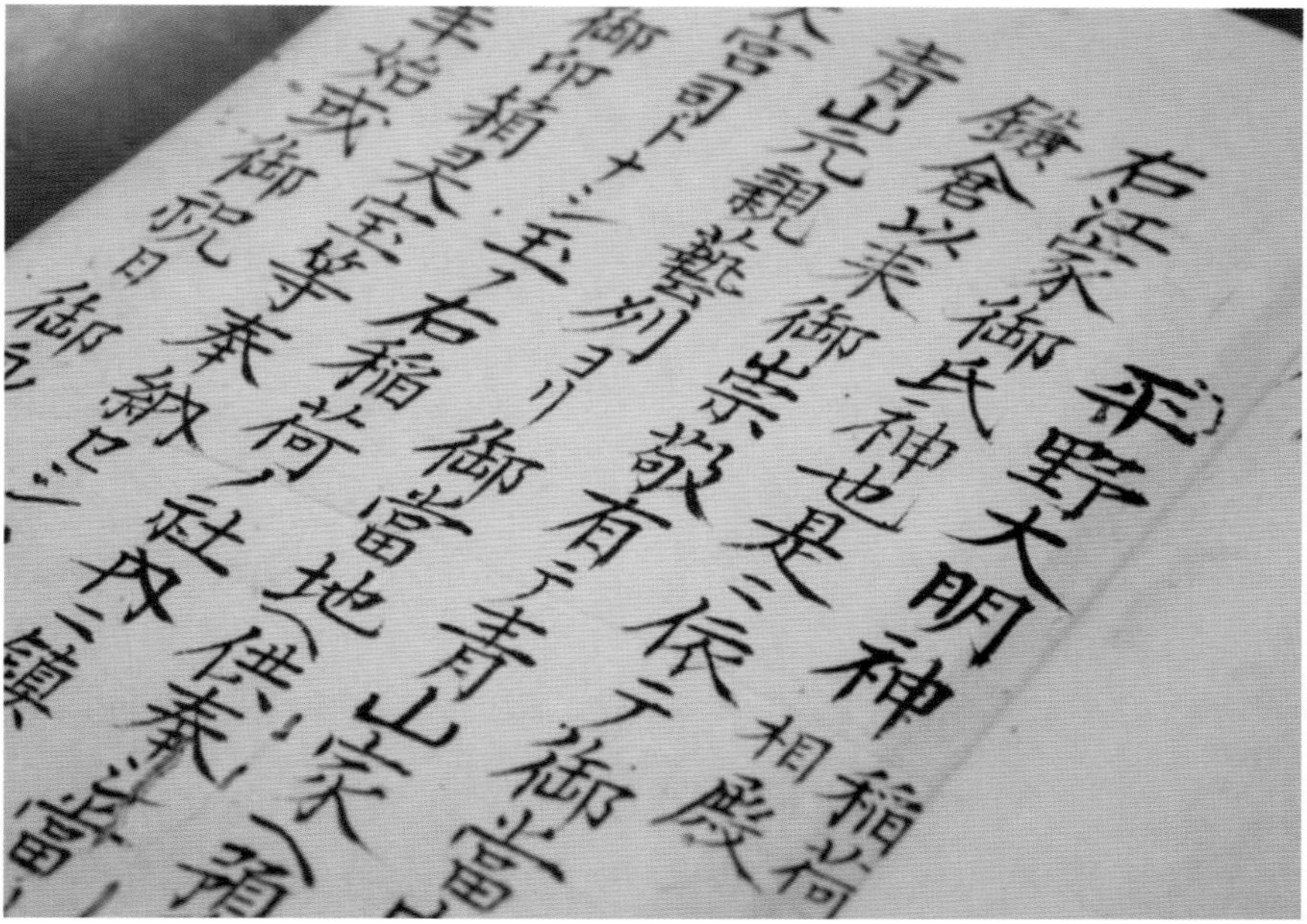

㊤　平野大明神を祀るため青山元親が椿八幡宮大宮司になったこと記す「平野大明神　稲荷相殿」（毛利家文庫『椿社記并御判物写』）

㊦左　萩城内の宮崎八幡宮跡（国土地理院地図より作成）
㊦中　『萩絵図』（慶安5〔1652〕年）に見える宮崎八幡宮（山口県文書館蔵）
㊦右　井上治部が宮司だった宮崎八幡宮（『八江萩名所図画　一』）

# ③ 萩城の築城

関ヶ原の戦いは、豊臣秀吉亡き後の家臣団同士の覇権争いであった。五大老のうち、毛利輝元が西軍、徳川家康が東軍となって戦うのだ。

その結果、慶長五（一六〇〇）年の関ヶ原の戦いで西軍は敗北。毛利元就に仕えていた青山元親と息子の元吉は、孫の毛利輝元に従い芸州（安芸国）から長州入りを果たした。

このとき安芸国から長州入りしたもう一人の神職が、後に萩の春日神社の大宮司となる小南宮内左近元重（以後、小南宮内と略す）であった。

毛利家の居城を指月山に決めるとき、輝元は青山元親と小南宮内に四神相応の方角を見立てさせ、地鎮祭をさせている（『四社略系』『椿大宮司家系図』）。「毛利三代実録」の慶長九（一六〇四）年二月の箇所には、輝元が築城の候補地として周防佐波郡桑山（現、防府市）、吉城郡山口高峯（現、山口市）、阿武郡萩指月山（現、萩市）の三ヶ所を選んだ記録が見える。

輝元は福原広俊や国司元蔵、堅田元慶ら家臣たちと話し合い、徳川家康側近の本多上野介に相談した。その結果、岩国を吉川広家に護らせ、長府を毛利秀元に護らせれば、指月山に城を構えるのが最良となった。

そして翌三月の二八日に、「公居城ヲ萩ニ決シ、築城ヲ起サン」となり、洞春寺の僧に築城について占わせる。輝元が青山元親と小南宮内たちに四神相応の見立てを命じたのも、同じころであろう。六月一日には萩城縄張の式を行い、築城に着手している（『萩市史年表』）。

ところが慶長一〇（一六〇五）年三月に五郎太石事件が起きる。築城用の石が盗まれたことで、犯人とされた熊谷元直、天野元信ら重鎮たちが誅殺された。事件はキリシタン弾圧の側面があったともいわれる。家臣八一九名が連名で書いた誓約書（慶長一〇年一二月一四日付）が残されており、「青山左近太夫」、すなわち椿八幡宮青山大宮司家初代の青山元親の名と花押が確認できる（毛利博物館蔵・「御什書（毛利家文書）」一二八四）。

以後、築城は順調に進み、慶長一二（一六〇七）年三月に春日神社が江向〔※1〕から堀内に遷る。青山元親も八月一二日に椿八幡宮の神領（椿村）を与えられる（「毛利三代実録」）。

慶長一三（一六〇八）年六月に城が完成すると、宮崎八幡宮を安芸国から城内に遷し、萩城の鎮守とした。

つづいて九月には輝元自身が椿八幡宮に参拝したのである（前同「椿大宮司家系図」）。

〔※1〕春日神社の旧鎮座地には、青山宗勝（青山大宮司家第二代）が伊予八幡宮を遷座している（四四頁）。

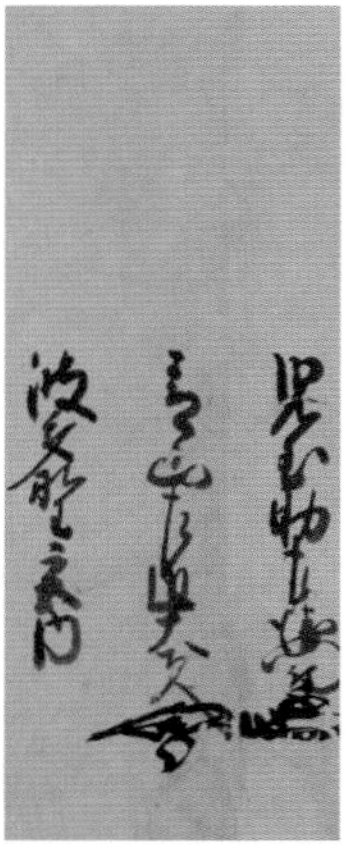

㊤　現在の萩城跡（平成 27 年 5 月）

㊦左　萩城五層楼写真（山口県文書館蔵・毛利家文庫）

㊦右　五郎太石事件後の誓約書に記されている青山左近太夫（青山元親〔中央〕）の自著と花押（毛利博物館蔵・「御什書〔毛利家文書〕1284」）

## ④ 二代　青山宗勝と吉田神道

青山大宮司家二代目の青山宗勝には、市之助、市助、大炊助、権少輔藤原宗勝などの呼び名がある。

初代の青山元親の息子・元吉は中継ぎで、二代目は椿一族の血を引く伊桑権小輔、すなわち宗勝が継いだ。

「椿社記並御判物写」(「平野大明神稲荷相殿」)の付箋には、元親が萩に来たとき伊桑権小輔は幼少で市之助を名乗り、元親が養父となり青山に改姓、宮司職を継いだとある。

こうして二代目の宗勝は慶長一六(一六一一)年に予州一宮大明神(現在の愛媛県今治市大三島町の大山祇神社)と予州の八幡宮へ代参を仰せ付けられた。伊予国は天正一三(一五八五)年の四国征討で豊臣秀吉が毛利家に与えた旧領地であった。

宗勝は元和六(一六二〇)年に伊予国から伊予八幡宮を勧請するため、祭神と社家の矢野伯耆守を迎え、江向(現在の徳隣寺の道を挟んだ東)に鎮座させている。

「毛利三代実録」は慶長一七(一六一二)年四月五日に、「長門阿武郡椿八幡宮・明木八幡宮両社ノ神田ヲ青山左近ノ譲状ニ撚リ青山市助ニ賜ヒ、祭祀ニ懈怠ナク社務ヲ勤メシム」と記す。元親は神社を宗勝に任せ、自身は隠居に入ったようである。

一二年後の寛永元(一六二四)年に宗勝は京都に上り、吉田神社で「吉田家十八神道」を伝授された。これは反本地垂迹思想の吉田神道を確立した吉田兼倶の「三元十八神道行事」である。兼倶が自邸内にあった斎場所を現在の京都の吉田神社内に遷したのが文明一六(一四八四)年で、このとき八角形の大元宮を建てていた。宗勝も、ここで修業をしたのだろう。

ところで祇園社の椿友家をはじめ、多良宗安に至る椿一族系の椿八幡宮宮司について、「椿大宮司家系図」(『四社略系』)に吉田神道関連の記載はない。一方で藩政期から大宮司を担う青山元親は、早くも藝州時代の高杉大明神の神主時代に「吉田殿裁許状」を貰っていた。吉田神道を萩に持ち込んだのは、青山家だったようだ。

ともあれ二代目の宗勝の時代には萩藩主初代の毛利秀就(輝元の長男)が度々椿八幡宮へ参詣していた。また、御祭礼では流鏑馬を観覧後に、宗勝の家に立寄っていた。

宗勝は寛永七(一六三〇)年四月二五日に亡くなり、後家となった妻が三〇年余り、大宮司家を護った。

宝物や証文等を紛失しないよう注意を払い、公儀御祈祷は春日神社の神主である波多野宮内に助勤奉仕を依頼した。その波多野家から養子として三代目の宗久を迎え、青山大宮司家は存続するのである。

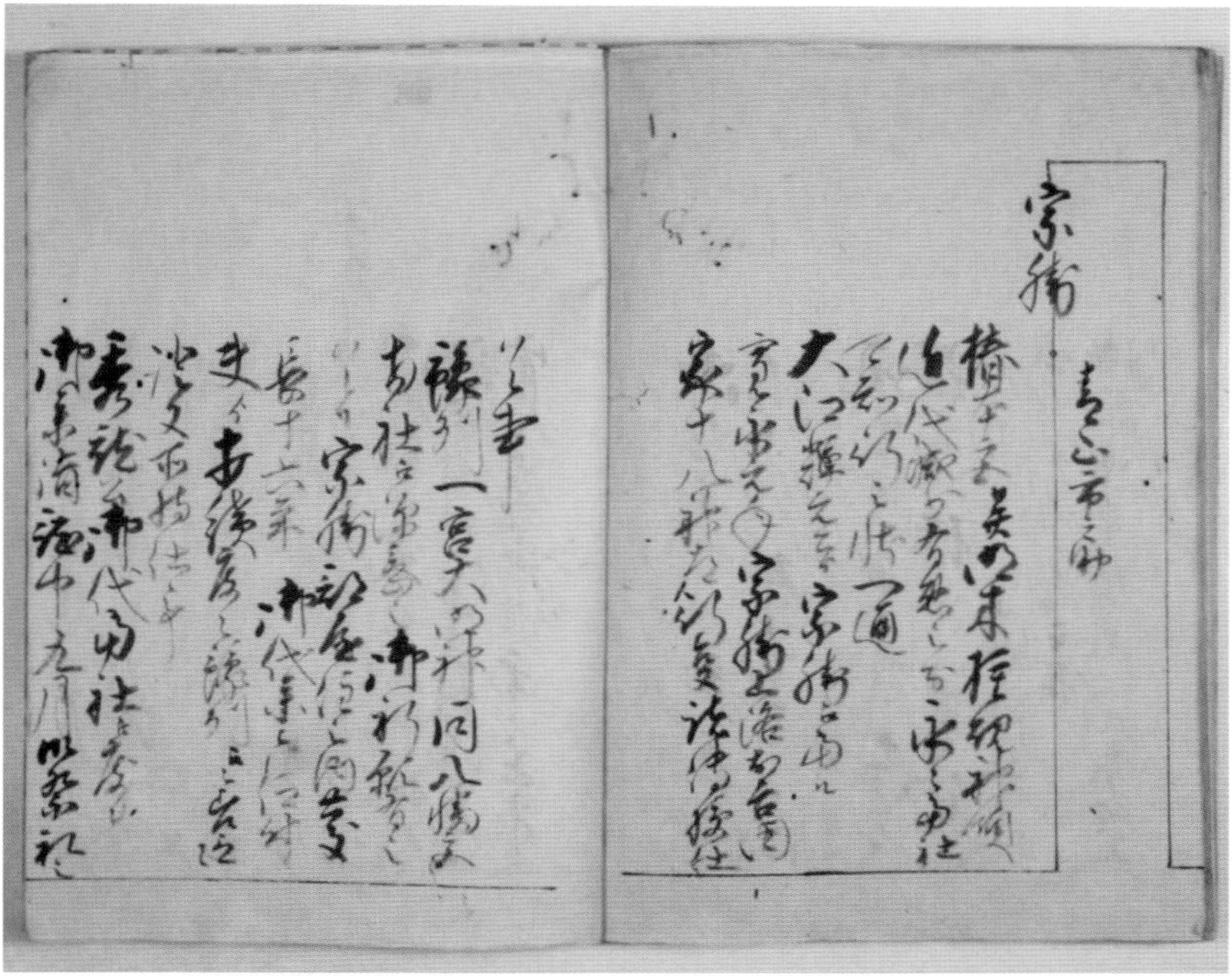

㊤『四社略系』に見える青山宗勝の履歴（山口県文書館蔵）

㊦　京都の吉田神社境内に鎮座する八角形の大元宮（令和2年11月）

# ⑤ 三代 青山宗久と宝刀

青山大宮司家三代の青山宗久には、別に正六位左近衛将監、信濃守、縫殿助、縫之助などの呼称があった。

『四社略系』の「藤原姓波多野氏」の系図に(小南宮内)元重-元信-就豊に続き、宗久が登場し、「青山大炊助宗勝養子」と見える。既述のように、春日神社の波多野大宮司家から養子に迎えて後継ぎにしたのである。

そんな宗久も、明暦二(一六五六)年に藩命により上京、吉田神道を伝授された。万治元年(一六五八)には官位昇進のため再度京都へ上がり、同二年に萩藩二代主・毛利綱広(輝元から数えて三代目)から本宮宝殿、幣殿、神楽殿、鳥居並びに祇園社そのほか末社の造営を仰せ付けられた。

寛文二(一六六二)年には神輿三基を新調するので、三たび京都に赴き、同三年二月に藩主・毛利秀就から装束弐服(二着)と毛利輝元の直垂(ひたたれ)を拝領している。

延宝六(一六七八)年には神道護摩宗源伝授のため、四たび京都吉田神社に上る。

萩藩三代藩主の毛利吉就は、貞享五(一六八八)年九月と元禄二(一六八九)年二月の二度、椿八幡宮へ参拝し、青山大宮司家に立ち寄っていた。

このとき宗久は吉就に御熨斗(おのし)を差し上げ、吉就からはお目見(身分の高い人に初めて会う事)仰せ付けられ、御手熨斗と御樽折(酒肴)を拝領している。「熨斗」とはアワビを延ばして干したもので、儀式的な食事で出される食材である。

椿八幡宮には秋の御神幸祭用の約二メートルの宝刀が所蔵されていた。

萩藩絵師の大庭学選が幕末に手掛けた「鸞輿巡幸図」にも見える宝刀(七四-七五頁・「鸞輿巡幸図」に描かれた椿八幡宮の宝刀)で、〝なかご〟(柄に収まる部分)に「延宝七年正月　玉井市祐　清定　七十四歳」と刻まれている。

玉井家は長州藩の刀鍛冶で、延宝七(一六七九)年は第二代宮司の青山宗勝が死去(寛文七〔一六六七〕年)した一二年後で宗久の時代だ。箱の側面に「大宮司　青山縫殿助　宝永元甲申歳　九月十一日」と墨書があり、西暦では一七〇四年となり、二五年後に別の太刀が貢納されたか、修理などで箱が新調されたのであろう。

東京の青山本家には、歴代宮司の夫人や娘の戒名が「青山家女祖等之神霊代」に見える。そこに、「大直智清信女　山口三宮高橋成助妻　左京亮直ノ実母　宝暦二年八月廿二日」と墨書がある。正室を早く亡くした宗久が、山口三宮(現、山口市の仁壁神社)の高橋大宮司家から養子を迎え、四代・宗直として継がせたのだ。

㊤ 椿八幡宮の宝刀の〝なかご〟には、「延宝七年正月　玉井市祐清定　七十四歳」と刻まれている（椿八幡宮旧蔵）

㊦ 宝刀箱の側面に、「〈奉寄進　宝剣〉玉井市之祐〈磨〉賀来伝之祐　同・弾右衛門　弟子・瀬川作兵衛」〈金具〉金子十郎兵衛　同・新三郎　同・忠兵衛　弟子・塩見源右衛門　同・藤井源兵衛　加勢・鳥野正左衛門」〈鞘〉五十部伝右衛門　同・太郎〈塗〉高橋與三右衛門　同・弥三郎〈柄巻〉中山喜左衛門〈帯採〉石川佐右衛門〈御太刀箱〉鏁前共・関屋太兵衛　同角鉄・玉井平右衛門　同鏁鎰・月行司弥大夫」と、製作した職人名が記されている。末尾には「大宮司　青山縫殿助　宝永元甲申歳　九月十一日」と墨書がある（椿八幡宮旧蔵）

# ⑥ 四代　青山宗直と大鳥居

青山大宮司家四代の青山宗直は、左京亮や佐渡守の呼び名がある。

宗直は元禄一一（一六九八）年九月二六日に竣工した松本橋の渡り初め式を行った。この橋は毛利家の菩提寺の東光寺に藩主が参詣するために必要なものだった（『萩市史　第一巻』）。

京都の吉田神社の神道伝授と官位昇進を得るため、宗直が自費で京都に上ったのも同じ年である。

一方で、萩藩五代藩主・毛利吉元の椿八幡宮への社参は宝永七（一七一〇）年九月二四日で、奉幣の後、吉元は御熨斗を召し上がられた。

宗直が官位加給のため、上京したのが正徳三（一七一三）年のことだ。『椿八幡宮御由緒旧記』（「口宣案」）によれば、同年一一月一四日に従五位下に叙せられ、左京亮に任じられている。

なお、同書の「椿神主家系図并由緒之事」は、「右、當宮司相知候以後之代々称号實名、并由緒當人迄如此御座候、以上」で終わり、宗直以後の宮司の事績は『四社略系』の「椿大宮司家系図」に引き継がれる。

後者には、宗直が享保五（一七二〇）年に神輿三体を上方に注文するため、三度京都に上ったと記されている。享保六（一七二一）年七月にも毛利吉元に命じられ、宗直は吉田神社の神道護摩宗源伝授のために上京していた。

椿八幡宮の正面入口の大鳥居は、享保六年の夏に、「大江吉元」こと毛利吉元が寄進したものである。宗直の三度目の上京期と重なる時期の寄進で、椿八幡宮が五代藩主の篤い庇護下にあったことを今に伝える。

とはいえ、この鳥居は、元は少し離れた田村秀祐さんの家の前にあったもので、平成三（一九九一）年三月に現在地に移転されていた（一一四頁）。

一方で、享保八（一七二三）年四月七日の鶴江山への遷宮祭で宗直が詠んだ祝詞が鶴江神明宮に旧蔵されていた（一七頁）。この遷座が、現在地での萩鶴江神明宮のはじまりである。

つづいて宗直が、毛利吉元より御装束を拝領したのが、享保一五（一七三〇）年五月。しかし三年後の享保一八（一七三三）年四月二五日に、宗直は亡くなった。

大夫塚の八角形の墓石に、「遺迹霊神」「左京亮従五位故大宮司藤原朝臣宗直」「享保十八年癸丑四月廿五日神去」と刻まれているのが宗直のものだ（八角形墓展開図は九七頁）。

東京の青山本家には翌年の享保一九（一七三四）年四月八日付で、没後の「従五位下　藤原宗直」に対して、「神祇道管領卜部朝臣」名で、前掲の「霊神号「遺迹霊神」を吉田神道家から授ける「宗源」書が残されている。

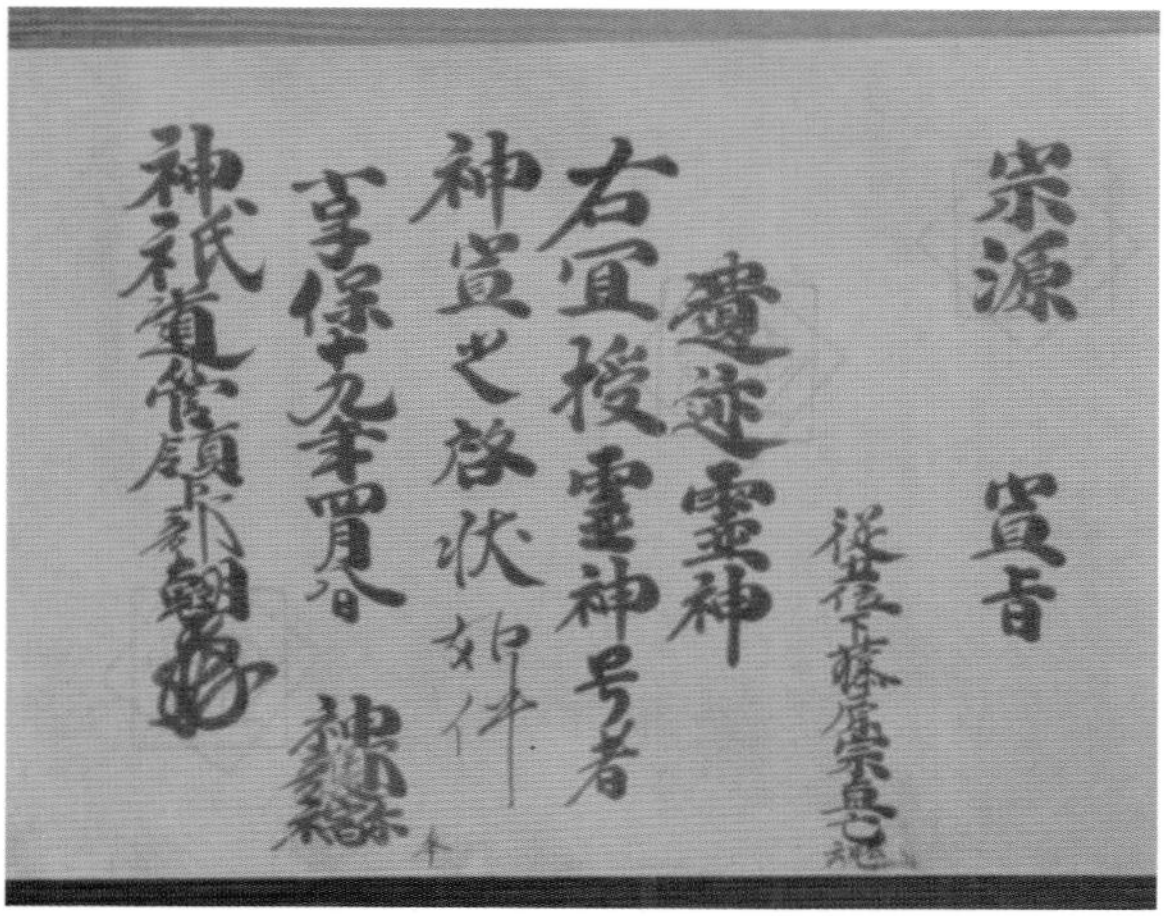
宗源
宣旨
遺迹霊神
右宜授霊神号者
神宣之啓状如件

㊤左
青山宗直の霊神号「遺迹霊神」が刻まれた萩太夫塚の八角形墓。左面に「左京亮従五位下故大宮司藤原朝臣宗直」と刻まれている（平成22年5月）

㊤右
享保6（1721）年夏に5代藩主・毛利吉元が寄進した鳥居。平成3年3月に現在地に移設（平成22年5月）

㊦ 青山宗直の霊神号「遺迹霊神」の授与書（東京青山本家蔵）

## ⑦ 五代 青山敬光／六代 青山直賢

青山大宮司家五代の青山敬光は権少輔、または権之丞と呼ばれた。「椿大宮司家系図」(『四社略系』)によると、享保一九(一七三四)年に大宮司となり、同年六月に毛利家の家紋入りの羽織と袴を拝領している。

寛保元(一七四一)年九月には、官位加級のために京都の吉田神社に赴き、一〇月に神道宗源護摩を伝授される。

つづいて、青山大宮司家六代として直賢が大宮司を継ぐのは寛延二(一七四九)年で、別名は蔵人であった。

直賢は同年四月に京都に上り、同じく吉田神社で神道伝授をされる。

萩藩七代藩主の毛利重就は宝暦二(一七五二)年八月に椿八幡宮に参拝し、同七年三月に額面を寄進した。

宝暦元(一七五一)年に描かれた『萩大絵図』に、椿八幡宮の周辺が描かれている(三七頁・第二章の扉)。これは直賢が大宮司を務めていたころの風景であろう。藩政期の神社周辺の様子は、『御国廻御行程記』(山口県文書館蔵)でも確認できる。

こうしたなか、先代の敬光は宝暦一一(一七六一)年一一月から翌年の三月まで、防長両国神社神名の讃読を仰せ付けられ、明和四(一七六七)年六月に再度京都に上り、吉田神社二位殿から神服を拝領していた(「椿大宮司家系図」)。

だが、敬光の墓は椿八幡宮大宮司家の大夫塚「八角形墓」には確認できない。一方で、「青山家女祖等之神霊代」(東京青山本家蔵)に、「生清定智松霊神　寛政七年八月二日」と記録があり、萩の鶴江神明宮の高田宮司家の墓地にも「生清定智松大姉」(没年不明)と刻まれた墓石がある。両者は同一人物で、敬光の後妻だろう。

このため敬光の墓も鶴江神明宮にある可能性が高い。

「高田家系図略記」(高田宮司家旧蔵)によると、享保四(一七一九)年に藩主・毛利吉元が椿八幡宮の下社であった鶴江神明社に参詣したときから青山大宮司家が奉仕し、敬光の代に別家を作り鶴江神明社に専任奉仕する。分流の初代を「高田数馬藤原重次」(高田重次)とし、以後、鶴江神明社の社家となるのである。高田姓は、土師村から長州入りした青山元親の故郷「安芸国高田郡」にちなんでいた(二六頁の[※1]参照)。

ところで六代宮司の直賢は寛政三(一七九一)年正月一三日付で、「身は土に埋りぬれど心こそ清くも天に登る賢さ」との辞世の句(東京青山本家蔵「直賢辞世」)を残していた。大夫塚の八角形墓には、「鎮居霊神」「故大宮司青山蔵人藤原直賢　寛政三歳正月十三日」(九七頁)と刻まれている。

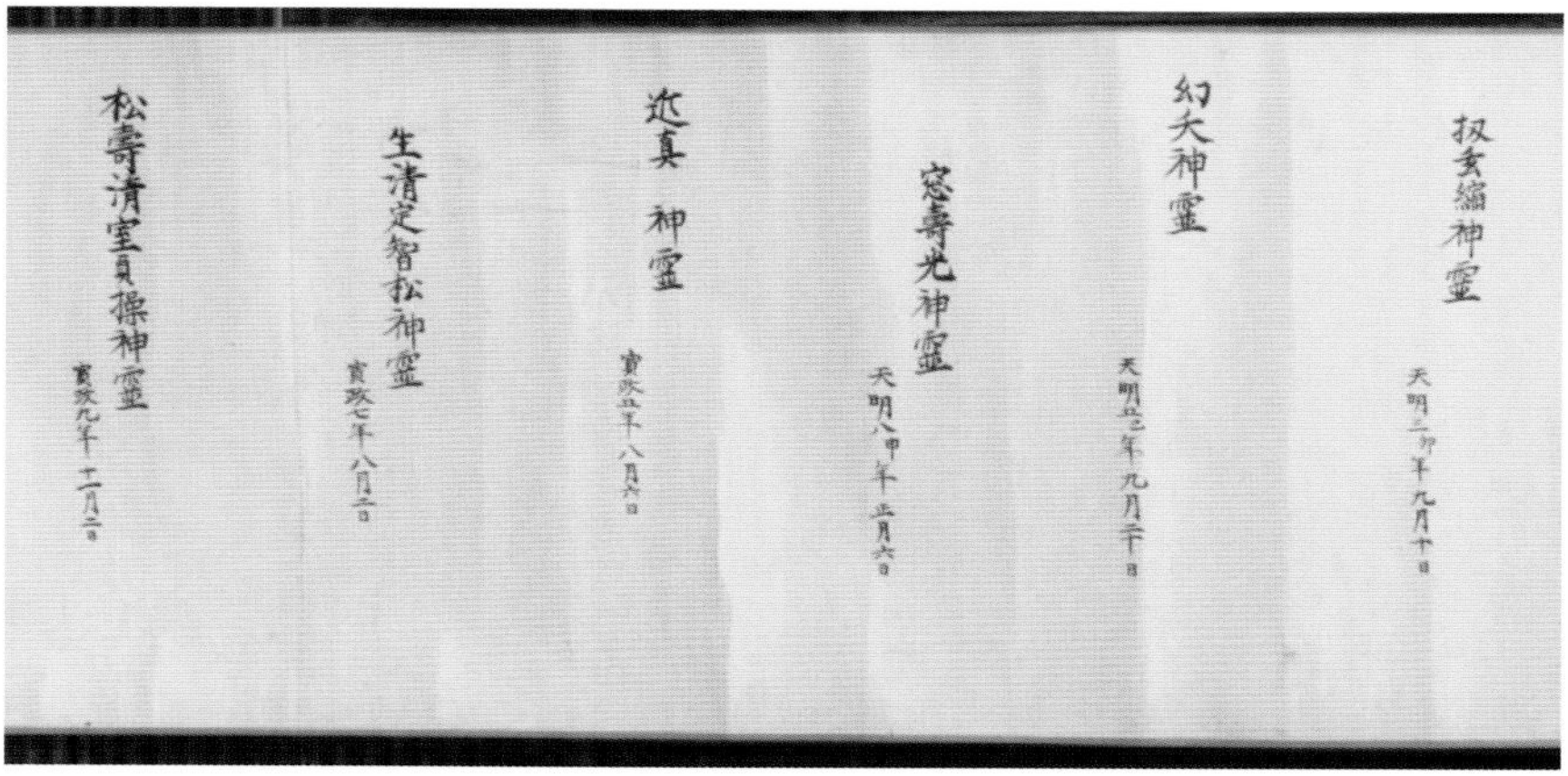


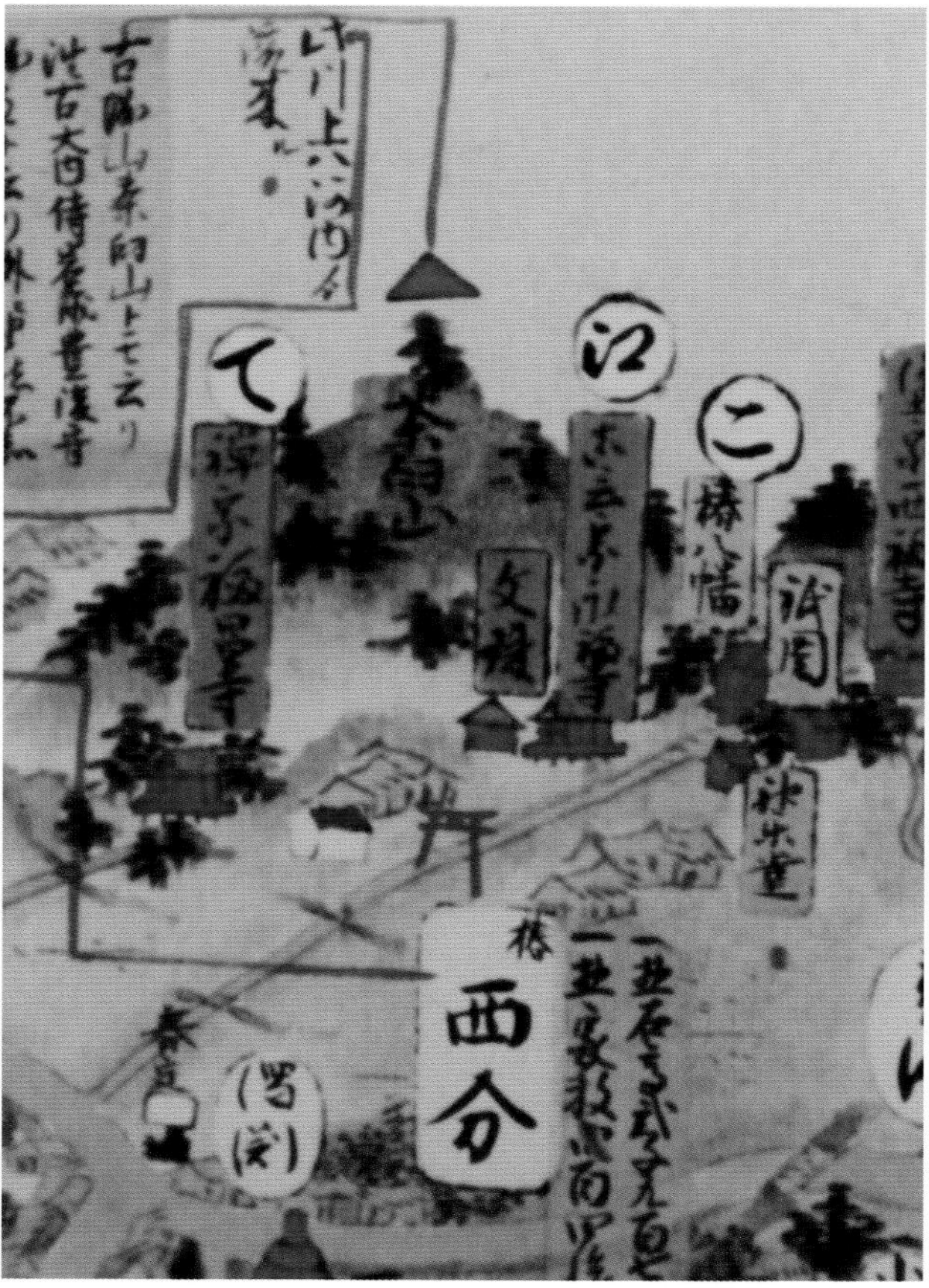


㊤『青山家女祖等之神霊代』左から2列目に青山敬光の後妻「生清定智松霊神」が見える(東京青山本家)

㊦ 藩政期の椿八幡宮周辺の風景(山口県文書館蔵『御国廻御行程記』)

## ⑧ 七代 青山雄忠と吉田兼雄

青山大宮司家七代の青山雄忠は縫殿、攝津守とも呼ばれた。八角形墓に「前上野介」(九七頁)と見えるので、上野介の名もあったようだ。

宝暦七(一七五七)年に大宮司を継ぎ、明和八(一七七一)年に上京して官位を得、神道宗源行事の伝授とともに、官職名が攝津守となっている。同年五月に「吉田正二位兼雄卿」こと、京都の吉田神社の吉田兼雄の「雄」の一字を貰い、雄忠を名乗るのだ。

吉田兼雄は『徒然草』で有名な随筆家の吉田兼好の兄であった。しかし当時は、「唯一神道」を広めた吉田神道中興の祖として知られていた。したがって、忠雄もそんな吉田神道に強く傾斜していたものと考えられる。

天明二(一七八二)年九月に、雄忠は御紋の付いた羽織、袴の上下を萩藩八代藩主の毛利治親から拝領。同六年一〇月には椿八幡宮境内に妙見社の建立を仰せ付けられている。

官位加級と神道大護摩伝授のため、寛政七(一七九五)年六月に再び上京、吉田正二位殿(吉田兼雄)より高烏帽子を一頭拝領した。

雄忠が著した「椿大宮司家系図」(『四社略系』)の巻末は、「右私方先祖正流十七代如此御座候、友家以前之義者不詳ニ付相知不申候以上　青山攝津守」で終わっている。このことで雄忠自身は、椿一族の伊桑時代からの歴代大宮司の流れをくむ第一七代を自認していたことがわかる。

萩藩永代家老の福原房純が椿八幡宮に参拝したのは文化五(一八〇八)年六月一三日(『福原家文書　別巻』)。八年後の文化一三年八月一八日に、雄忠は他界した(九七頁)。

ところで三九頁で紹介した「高田郡土師村宮司由緒之事」にも「摂津守」こと雄忠が登場している。

文政一一(一八二八)年九月二九日に親戚の井上頼定(壬生井上家)が土師青山家を訪ね、そのとき聞いた祖先のことを書きつけた以下の文面だ。

「長門国萩之城下椿八幡宮の宮つかさに青山攝津守と言人文化之頃ニありて、既ニ吉田祇園社神主波多野加賀守殿萩へ下向之頃、攝津守と對話ありて、高杉社之事共尋られしとなり。是青山左近正後裔ニして、其のはじめ當村より引越れしものなり」

文化のころ(一八〇四-一七年)に安芸国から萩を訪ねた波多野加賀守(吉田祇園社神主)が、青山雄忠に土師村の高杉大明神(高杉神社)のことを尋ねると、自分が土師青山家の末裔と、雄忠が語ったという内容だ。

長州に移って二〇〇年以上が経っていたが、青山元親から七代孫の雄忠も、このことで土師村が青山一族のルーツと再認識したと思われる。

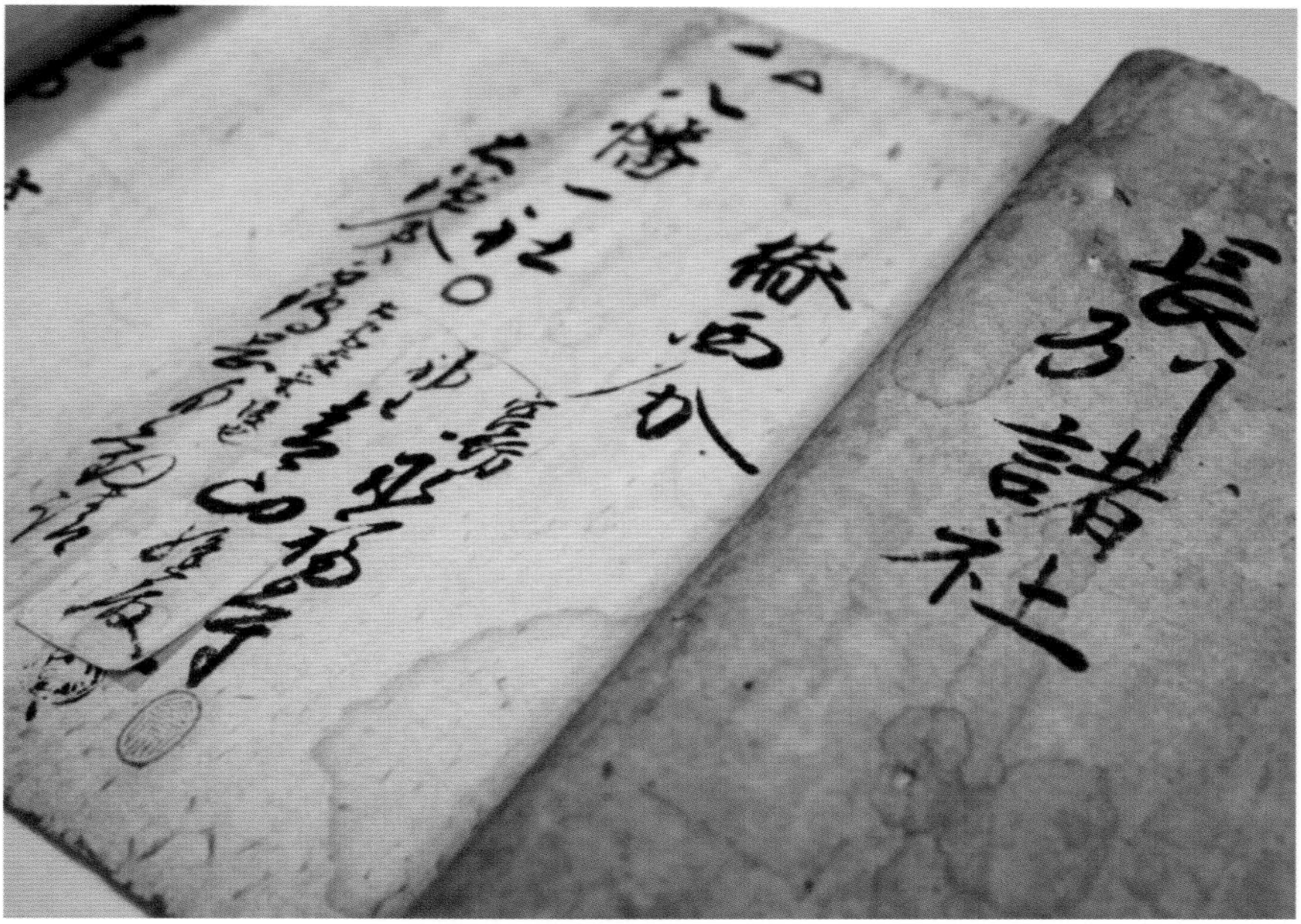

㊤「長州諸社」に「椿西分　八幡一社　宮坊永福寺　神主　青山「縫殿」（張り紙）　右宅並前後也　右鎌倉鶴岡より勧請」と記録されている（山口県文書館蔵）

㊦ 青山雄忠の霊神号「重塲霊神」が刻まれた大夫塚の八角形墓。右面に、「文化十三年丙子閏八月十八日神去」と刻まれている（平成 22 年 5 月）

# ⑨ 八代　青山長宗《郡司家奉納の狛犬》

青山大宮司家八代の青山長宗は駿河守とも呼ばれた。雄忠の嫡男で、後に靖国神社初代宮司となる青山上総介(青山清)の父である。

この宗長が宮司時代の文政一三(一八三〇)年九月に、萩藩の砲術家・郡司家が銅製の狛犬を奉納していた。だが、大東亜戦争中の金属供出で失われ、今は昭和三六(一九六一)年九月に再建された石の狛犬が座る。

ところで、かつての銅製狛犬の詳細は、『防長ニ於ケル郡司一族ノ業績』(昭和一〇年刊)の「現存する郡司家鋳造物年表」に記録がある。

文政十三庚寅九月吉日
大冶工萩之住
　郡司喜兵衛藤原信定
　同　喜平治藤原信安

郡司家のルーツは三田尻の鋳物師にあった塚本家である。豊臣秀吉の朝鮮出兵では、毛利輝元に仕えていた塚本五郎左衛門も従軍していた。

そして、息子の塚本長左衛門信久が寛永年間(一六二四-四三年)に萩に召し出され、大砲鋳造を命ぜられたことで、幕末には著名な砲術家となったのだ。

幕府が大砲小銃の鋳造を命じたのが、ペリー来航の翌年、安政元(一八五四)年一二月である。これまで寺院の鐘などを鋳造していた郡司家も、このころから砲術家として忙しくなったはずだ。

一方で、材料となる銅は、萩の光明坊や都濃郡花岡村の教応寺から文久三(一八六三)年七月に献納された記録が残る。

こうした来歴の郡司家が奉納した往時の狛犬の姿を、椿八幡宮近くの田村秀祐さん(昭和八年生まれ)のお宅を訪ねたときに偶然目にした。

昭和一五(一九四〇)年の秋に、紀元二六〇〇年行事として、橿原神宮に奉納する献饌米の祭事を行ったときに拝殿前で撮影された集合写真だ。

在郷軍人会・萩市椿分会のメンバーたちが立ち並ぶ、向かって右端に写っていた黒光りのする狛犬が、郡司家奉納のものであった。

田村さんによれば、この銅製の狛犬には、萩の変(明治九年)の時についたであろう「銃弾の跡」が残っていたという(『萩の物語記録集 2012』)。

一方で、『防長ニ於ケル郡司一族ノ業績』が出版された昭和一〇年の時点で、青海(椿八幡宮近く)にあった郡司家は「老嫗」が一人残っているだけだったらしい。

幕末維新史に名を刻んだ郡司家も、大東亜戦争期には、影が薄くなっていたというべきか。

郡司家が奉納した銅製狛犬。在郷軍人会・萩市椿分会の橿原神宮奉納献饌米」の記念写真（部分・昭和15年秋撮影・田村秀祐氏蔵）

㊦左　昭和36年9月に再建された現在の石の狛犬（令和5年5月）

# ⑩ 八代 青山長宗《天保期の石燈籠》

椿八幡宮拝殿前の「天保四癸巳九月吉日」と刻まれた一対の石燈籠は、青山長宗が宮司だった時代に、奉納されたものである。

郡司家が銅製狛犬を奉納した文政一三年は天保元（一八三〇）年であり、翌年には藩全体を揺るがす天保一揆が起きている。つづいて天保七（一八三六）年六月には大洪水で二〇〇以上の溺死者が出る。

天保四（一八三三）年九月に奉納された石燈籠は、こうした災難が続く中での奉納物であった。

長宗が没したのは石燈籠の奉納から八年後である。大夫塚の八角形墓に刻まれた「長宗霊神」の霊神号の左面に「駿河守従五位下故大宮司藤原朝臣長宗」、更に左に「天保十二年辛丑十月十七日神去」（九七頁）とある。

死去は長男・清が二六歳のときであった。長宗が亡くなる前年の天保一一（一八四〇）年に、周防国岩淵村の農業・田中源吉の長男・芳樹が藩士の近藤家を継いでいた。以後は国学者・近藤芳樹で活躍するが、清も、そんな芳樹と深く付き合うことになる。

萩で災害が頻発したことで、長宗の晩年は藩政改革がはじまり、そのことで才能重視の採用が表面化した時期でもあったのだ。しかも神道の興隆とも連動していた。

東京青山本家には、青山清が明治一七（一八八四）年一一月四日に書いた、父・長宗の「霊璽」（軸装一幅）が残されている。向かって右に、「天保十二辛丑十月十七日神去距今四十四年」と墨書があり、天保一二（一八四一）年から四四年（数え年）が過ぎたことがわかる。中央には、「駿河守従五位青山長宗命神霊」とある。

同じく東京青山本家には、明治一四（一八八一）年一月に、八五歳を迎えた母千世に、息子の清が祝賀の讃を書き、奇兵隊出身の陸軍大佐・滋野清彦が千世と共に、神主姿の清を描いた軸が一幅、残されている。

讃の読み下しは、以下である。

「北堂の君（千世）は毛利家の上士、長沼八郎右衛門の長女なり。長門の国阿武郡椿神社大宮司、駿河守従五位下、吾が父君青山長宗の嫡妻にして、今茲に年寿は八十五歳なり。其の子おのれ靖国神社宮司青山清は六十七歳にして、季頽の寿觴の圖を献ず。滋野大佐の酔筆と清の自記を以て永く之を子孫に傳んとす。明治十四年一月　従五位勲四等源朝臣清彦冩す」

長宗は藩士の長沼八郎右衛門の長女を娶り、すなわち清は、二人の長男であった。

この軸は、大東亜戦争で焼け残った青山清の貴重な遺品の一つである。

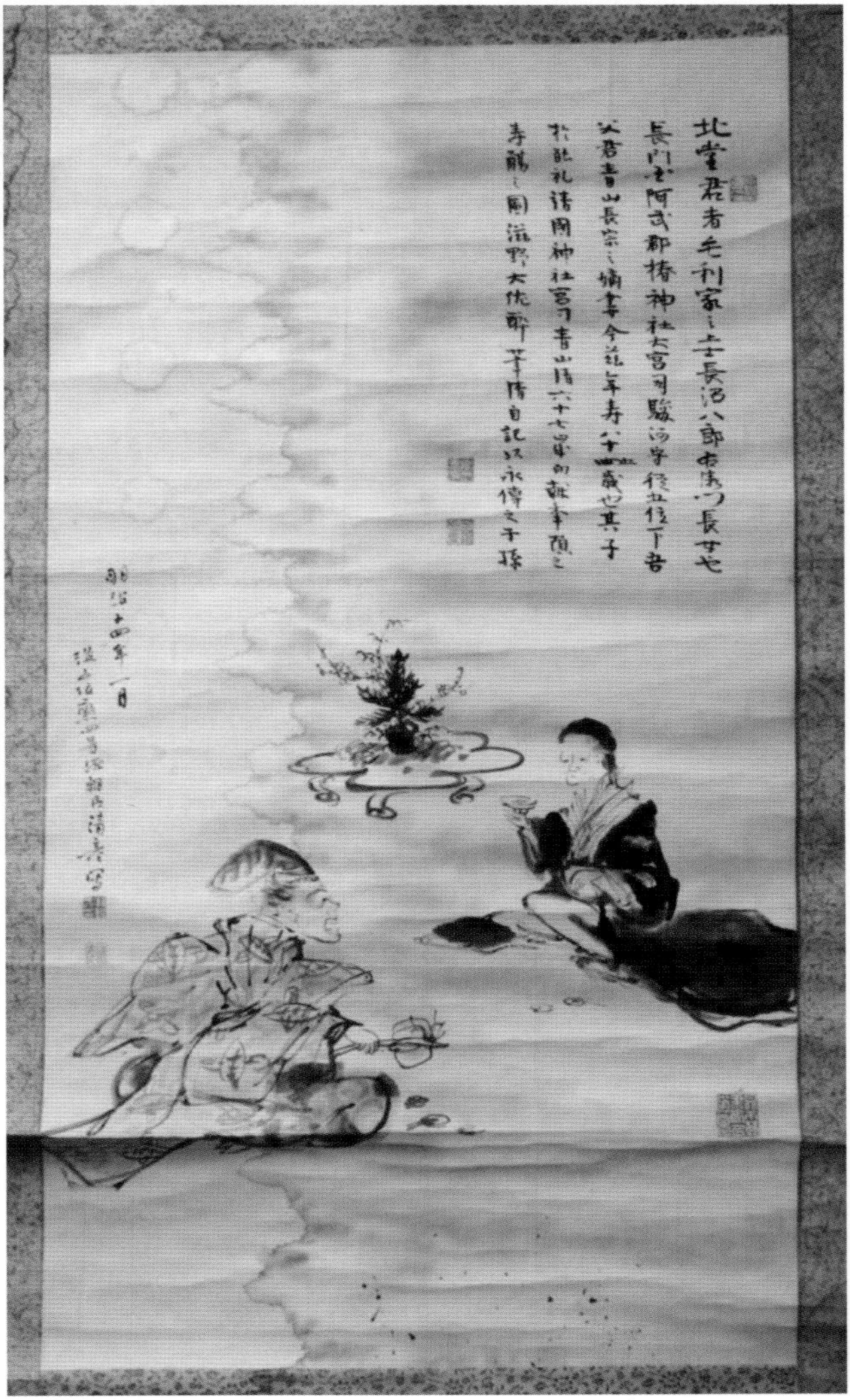

㊧ 明治14(1881)年1月に描かれた軸(青山清「讃」、滋野清彦「画」・東京青山本家蔵)

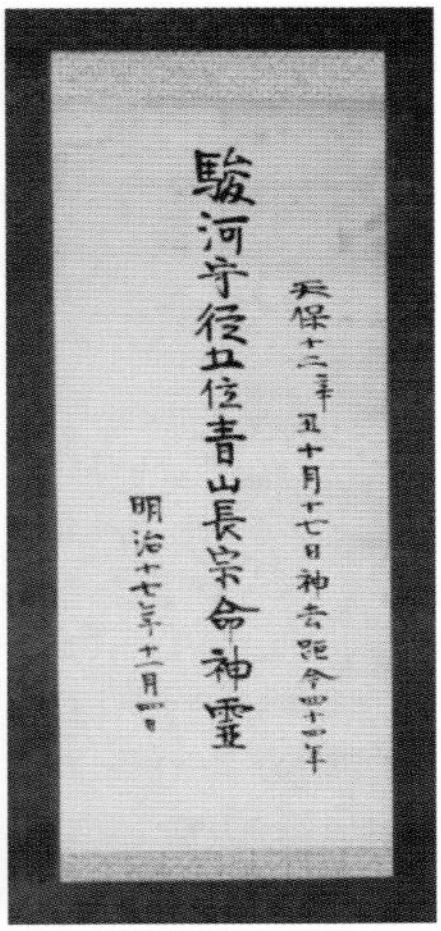


㊨上　青山長宗の大宮司時代である天保4(1833)年9月に奉納された椿八幡宮の石燈籠(平成21年12月)

㊨下　青山清が明治17(1884)年11月4日に書いた、父・長宗の「霊璽」(軸装一幅・東京青山本家蔵)

# 《コラム》 毛利敬親と椿八幡宮

第一二代藩主の毛利斉広（もうりなりとお）が天保七（一八三六）年一二月に急逝したことで、翌天保八年四月二七日に毛利敬親が第一三代の藩主となった。そして天保九（一八三八）年閏四月二六日に初入城する（『防府の今昔』）。

敬親は、五月一日に儀衛を従えると、歩いて椿八幡宮までやって来た。その時の様子が『忠正公伝』（「第三編　第三章　第二節　第三項　入城後の諸儀（其一）」山口県文書館蔵）に見える。

このときの敬親の装束は、梅色の直垂（ひたたれ）、高重袷、胴衣袷の白服であった。

白地の綾織物の帯を結び、紫組掛の烏帽子を冠り、大小及び三原正家の細刀（備後の名刀）を携えて延吉の銘のある鞘巻太刀を執り、手に金花鳥の扇子を握り、（袴をたくし上げる形で）股立（ももだち）を取って足袋、緒太草履（緒の太い草鞋）を履き、徒士一人に太刀箱を護らせるという藩主にふさわしい正式参拝である。

これに対して神社側では、「社階の下北側に祠官青山謙次郎　永福寺僧出で迎へ　後方に社人併居し」ていた。

敬親は鶴江神明社へ、「初穂　銀一枚　神楽銭一貫二百匁」を供え、椿八幡宮に、「初穂　銀二両」を供えると、遥拝所に入って鶴江神明社を拝み、つぎに椿八幡宮を参拝した。

このとき、「大宮司同じく幣を捧（ささ）ぐ」と見えるので、最晩年の青山長宗が藩主を迎えて祝詞を挙げたのだろう。

敬親は祖先の氏神に挨拶を終えたことで、第一三代の藩主になったのである。

第13代藩主・毛利敬親（山口県文書館蔵）

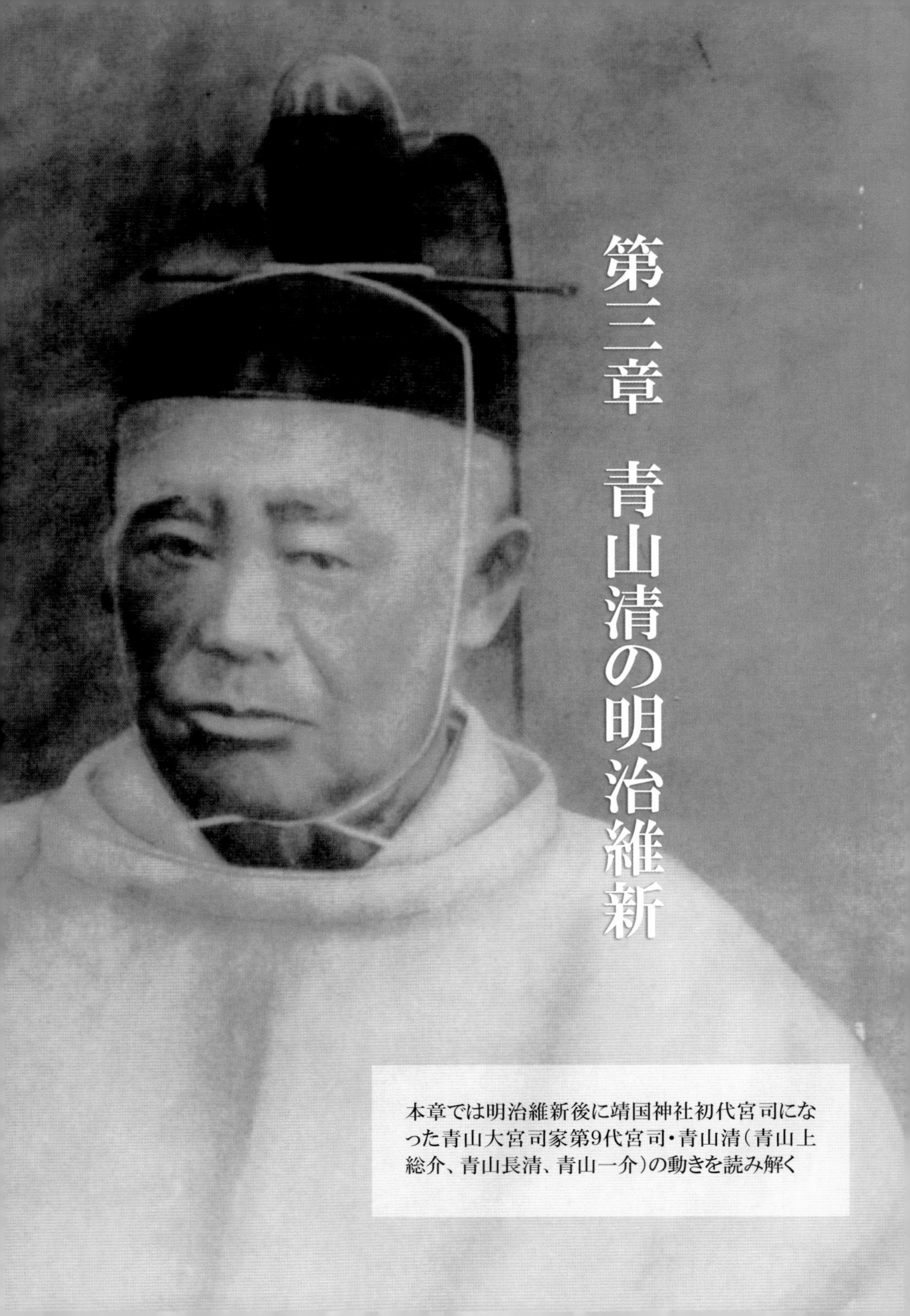

# 第三章　青山清の明治維新

本章では明治維新後に靖国神社初代宮司になった青山大宮司家第9代宮司・青山清（青山上総介、青山長清、青山一介）の動きを読み解く

# ① 近藤芳樹との交友

青山清は文化一二(一八一五)年五月二八日に萩で誕生した(『靖国の源流』九八頁「招魂社司の研究　付表」)。父は第八代宮司の青山長宗で、母は長沼八郎右衛門の長女・千世である。

椿八幡宮の社殿から二〇〇メートル離れた萩農林事務所畜産部の門前の石鳥居は、「文政四年辛巳秋八月」と刻まれている。西暦では一八二一年で、清が六歳のときの奉納だった。

この石鳥居は、最初はJR萩駅界隈に建っていた。それが鉄道敷設工事で取り除かれ、近くで保管された後に、満洲事変二周年を記念して昭和八(一九三三)年九月に、現在地に再建されたものだ(一一〇頁、再建碑の翻刻は一二〇頁)。

このころの椿八幡宮の全景は、『八江萩名所図画　二』で見ることができる。天保期(一八三〇-四三年)に木梨恒充が描いた風景だ。「神主」と記された屋敷が、清が暮らしていた場所であった。父の長宗が天保一二(一八四一)年に没し、清が椿八幡宮を護る立場となったのも、この絵が描かれた時期と重なる。それは藩命により、天保一一(一八四〇)年に農家から藩士となった近藤芳樹が国学者として飛躍するのとも時を同じくしていた。

近藤は享和元(一八〇一)年五月生まれで、清より一四歳上だった。

近藤の藩士登用は、萩藩が身分を越えた実力本位の人材登用に舵を切り始めたからである。清も新しい時代の息吹を感じていたはずだ。実際、国学者となった近藤と交流を深めながら、清は知識を増やしていく。

とくに天保一三(一八四二)年一月一三日に「防長国郡志」の編集を命じられてから、近藤は多忙となる。この仕事は一揆や災害による藩政立て直しの天保改革の一環として、藩内各地の実態調査の意味があった。

山口県文書館所蔵の『防長国郡志　神社志　三三　當島宰判』は、未定稿ではあるが、「椿西分　椿八幡宮」も所収されており、近藤の調査の苦労の跡が伺える。

第九代の宮司になって間もない青山清は、近藤の家に天保一三年一月二五日に赴き、和歌の初会のために「屋がため」の神事として「祓」(はらいことば)を詠んでいた。近藤の日記には、昼時に次第に人がやって来て、「江上霞」の題目で庭の梅を眺めながら歌会を開いたと記されている。

※近藤芳樹の動向は『内海文化研究紀要　第38号』「山口県文書館「近藤芳樹日記」翻刻(五)」を参考にした。また影山純夫「『防長国郡志』・『防長風土注進案』と近藤芳樹」(『山口県地方史研究　第94号』)も併せて参照した)

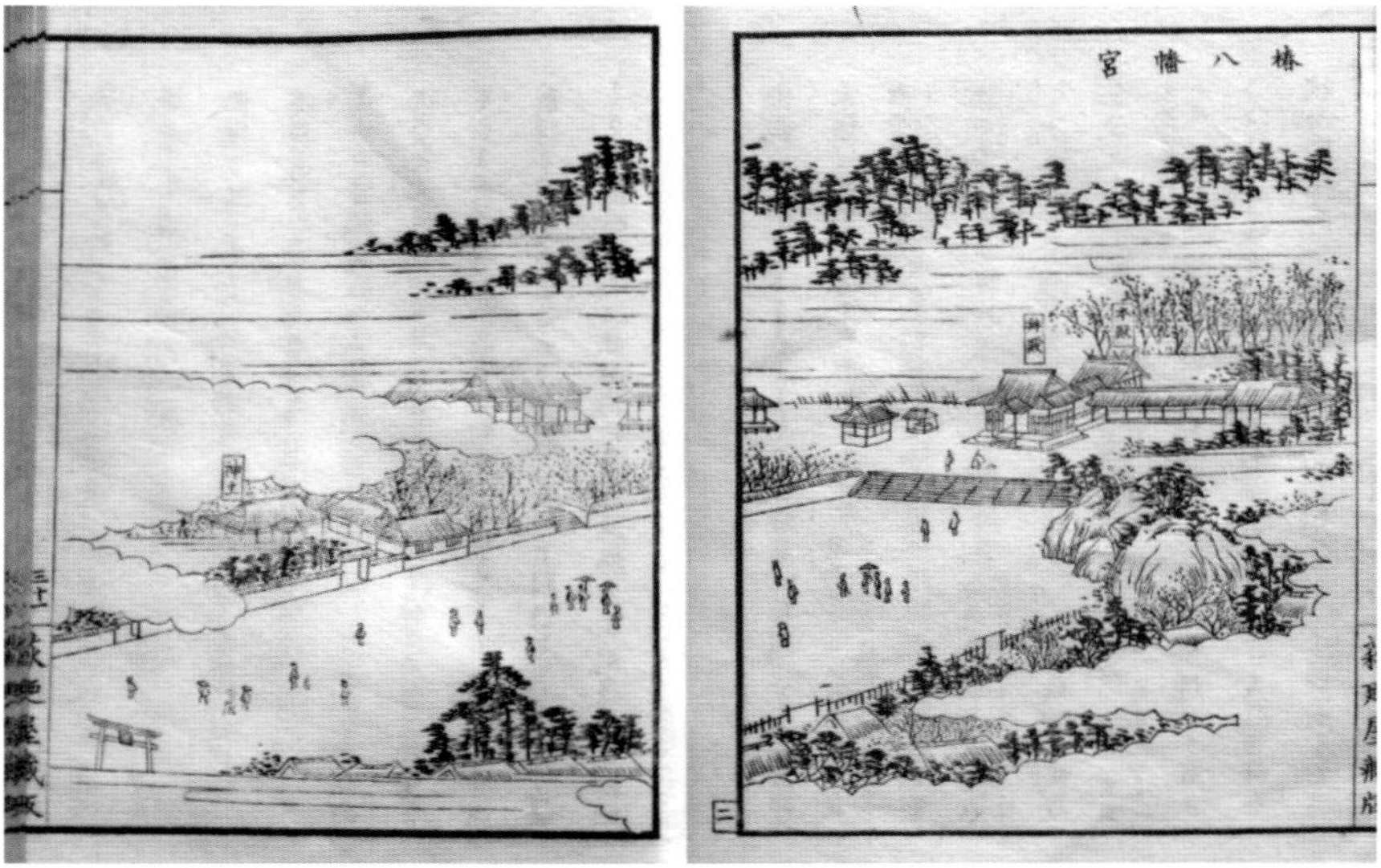


㊤左　近藤芳樹の肖像（山口県文書館蔵）

㊤右「文政四年辛巳秋八月」と刻まれた萩農林事務所畜産部の門前の石鳥居（平成 20 年 12 月）

㊦　『八江萩名所図画　二』に描かれた天保期の椿八幡宮の全景

## ② 令義解の輪講会

萩藩では天保一三(一八四二)年から翌一四年にかけて天保改革のひとつとして淫祠解除が行われた。民間信仰的な小祠や寺院堂庵、石仏、金仏などの破棄を近藤芳樹が進めたのだ(『神々の明治維新』)。これが明治維新期の神仏分離運動の先駆であったという見方をする研究者もいる。

ともあれ、それがひと段落した天保一五(一八四四)年一月二一日の近藤の日記に、明木の中山柱左衛門が赤川太郎右衛門や東条与兵衛、そして青山清(当時は上総介、歌席では長清を名乗った)を、近藤が家に連れてきたと見える。五月二二日には、今度は近藤が清の家を訪ね、日が暮れるまで話が盛り上がる。

清にとっても、近藤との交友は、国学知識を学ぶうえで、大きな意味があった。例えば七月六日の近藤の日記には、椿八幡宮の清の屋敷で令義解(りょうのぎげ)の輪講会が開かれた様子が見える。天平年間に出された養老律令の注釈書一〇巻の勉強会だ。近藤が、「おとゝしよりことしに至りて、月に六度の会をかゝさず払暁よりつどひ来つゝものしたりしハ、志のいとせちなる人々あらざらんや」と書いているので、天保一三年から清たちと月に六回、早朝明け方から神事を伴う輪読会を開いていたようだ。

この日も清が東榭の母屋の床に榊をたてて神の依り代として輪読会を行い、終われば竟宴となった。

客人たちは昼過ぎに席に着き、南庇(みなみひさし)の西の間に近藤、冷泉古風(冷泉新左衛門)、勝間田盛稔、宍戸真澂(ししどますみ)、静間美積、そして「あるじがた」として山田昌之、引田歳輔が西を上にして北に向かって座った。

東庇(ひがしひさし)には雅楽を奏する三人の伶人(れいじん)が西を向いて座った。母屋の次の間には「あるじがた」として赤川通明、名古屋彰、そして「長清」こと清が東を上にして南に向いて坐し、雅楽の楽曲「慶徳(鶏徳)」が奏され、末席の清が懐紙を置き、順番に回った。

楽曲が終われば、長慶子(ちょうげし)という雅楽が奏された。その後、神籬(ひもろぎ)に供えた神酒をおろして、奥の座敷で夜更けまで酒盛りをしたのである。

こうした国学仲間たちと輪読会を続けた近藤は、元治元(一八六四)年に『標注令義解校本　開題』や、『標注令義解校本』の巻一から巻三までを出版している。神職たちとの輪読会における成果物とでもいうべきか。

※　近藤芳樹の動向は『内海文化研究紀要　第39号』「山口県文書館「近藤芳樹日記」翻刻(六)」をもとにした。

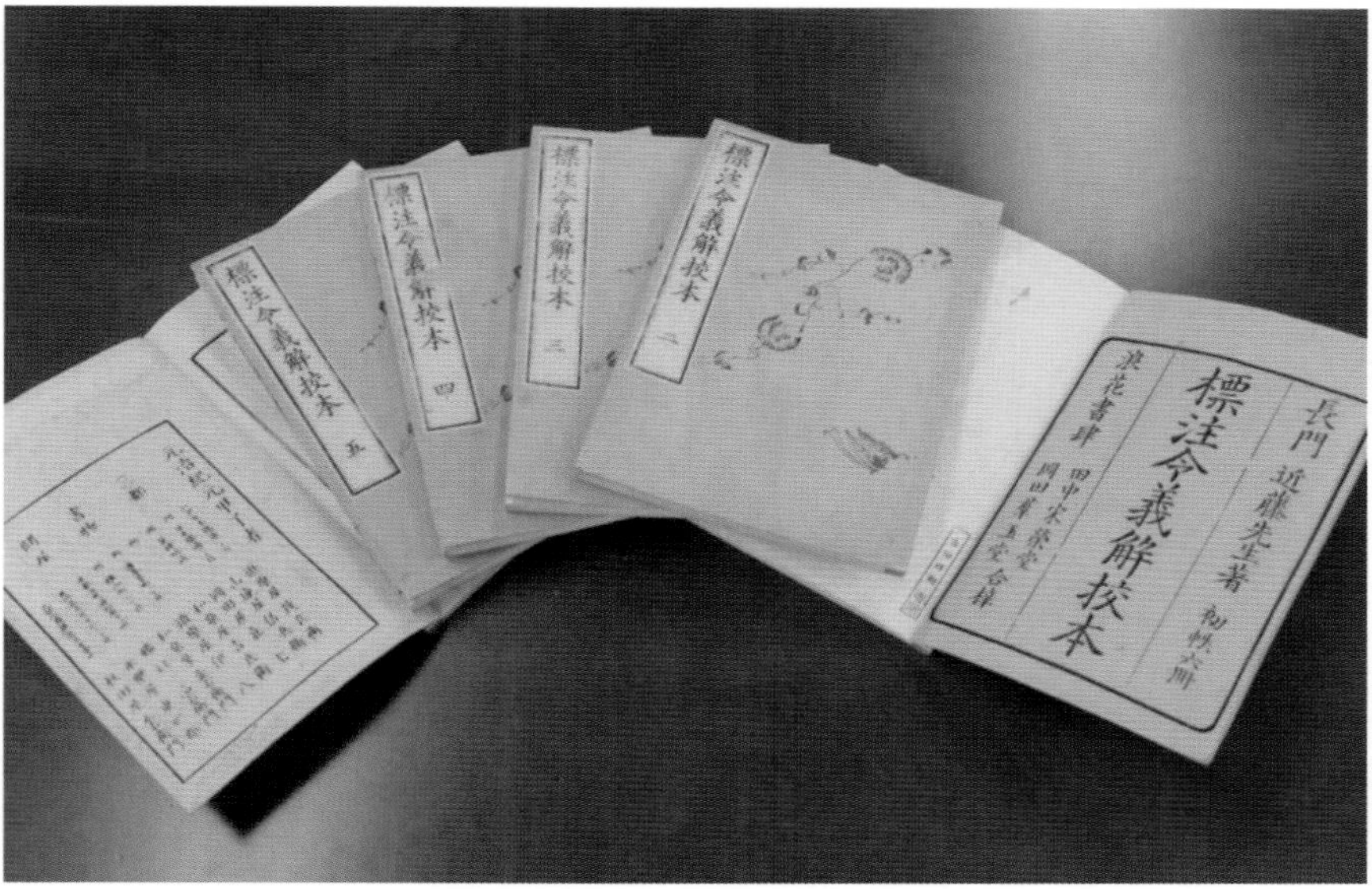


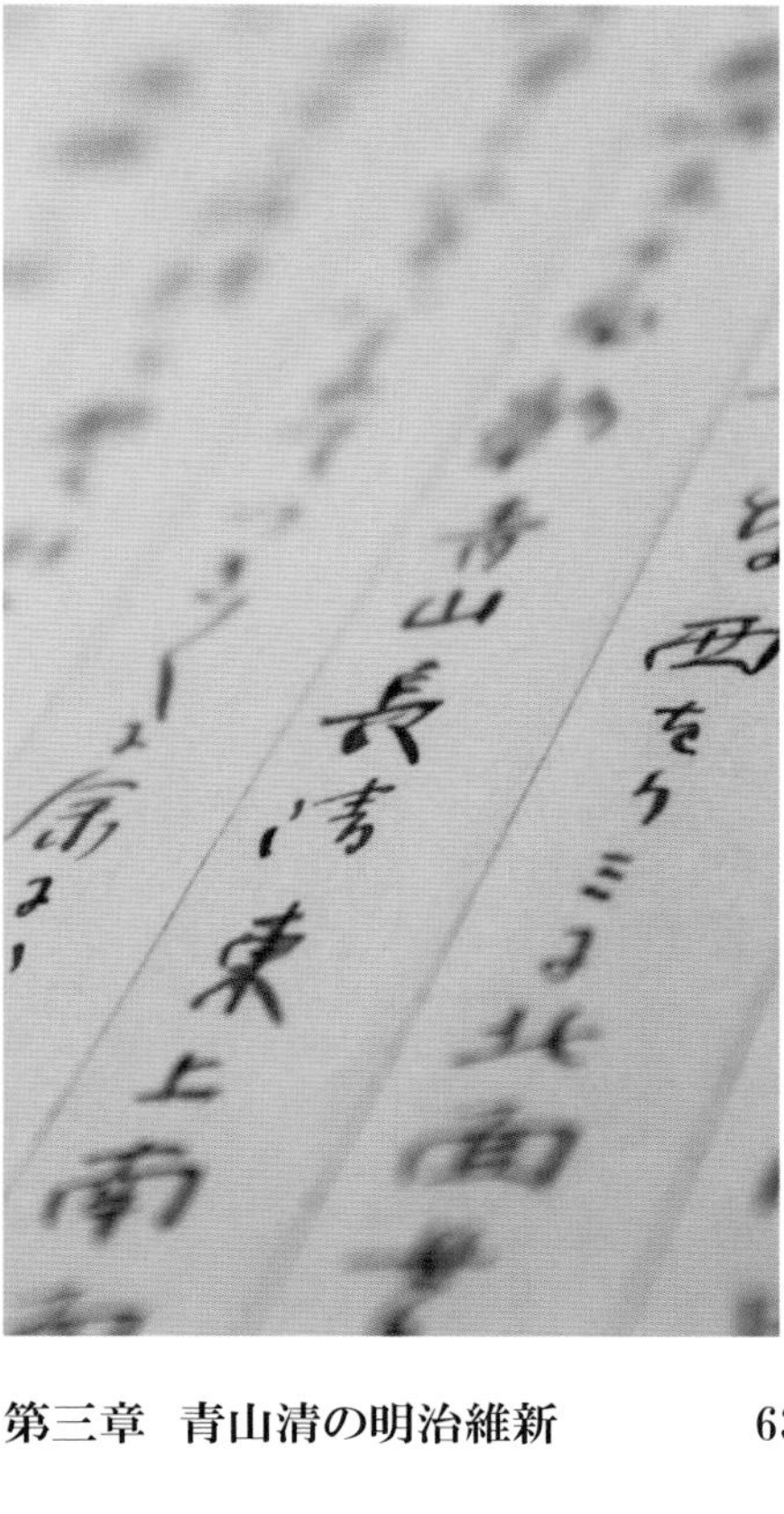

㊤ 元治元(1864)年に刊行された近藤芳樹の『標注令義解校本』(山口県文書館蔵)

㊦『近藤芳樹日記　丹霞日記　四』天保 15(1844)年７月６日の日記に、青山清(長清)の家で、令義解の輪読会が開かれたことが記録されている(吉田樟堂文庫・山口県文書館蔵)

# ③ 平野神社の再興と子供たち

青山清の孫娘が、筆者が中学生のころまで生きていた曾祖母の野村ヒサである（一一八頁）。彼女の母ツルが青山清の娘で、萩藩士の岩崎家に嫁いでいた。戸籍にはツルの生年が弘化四（一八四七）年五月一五日とあり〔※1〕、清が二二歳の時の娘とわかる。

清が、毛利家の氏神「平野大明神」を再興するため、近藤芳樹に演説書を頼みに来たのは、ツル誕生の前年、弘化三年五月五日だった（『内海文化研究紀要　第40号』「近藤芳樹日記」）。

防府の松崎天満宮社司の鈴木高鞆が嘉永元（一八四八）年に編纂した防長歌人の歌集『類題玉石集』に、父となったばかりの清も「長清」の名で歌を発表している。

〔春部〕たよりなき　はなれ小しまの花
　の香を　なきたる朝の風にしる哉
〔夏部〕卯の花の　しつく川せは水清し
　この頃魚もすみぅかるらん
〔秋部〕山さとの　垣ねのみちの小萩原
　もとあらはにもくるゝあきかな
〔冬部〕礒雪　船よせて　つなく袂にこほ
　れけり　小嶋の礒の松のうす雪

長男の春木は、三年後の嘉永四（一八五一）年三月に生まれているので、ツルからいえば四歳下の弟だった。ところが明治六（一八七三）年に、春木は二二歳で亡くなる。直前の六月の記録として、「祠官」が「三戸貞輔　文政六年八月生」、「祠掌」が「青山春木　嘉永四年三月生」（山口県文書館蔵『明治六年　社寺雑事録一』）とある。

春木の墓も、青山大宮司家墓所「大夫塚」に神道墓で鎮座している。

正面に「青山春木之墓」、左側面に「青山清嫡子」、右側面に「明治六癸酉年十二月二日於東京死　享年廿三歳」（昔は数え年）と刻まれている。

廃藩置県後に青山大宮司家自体が廃絶され、一〇代宮司を継ぐはずの春木も「祠官」の下の「祠掌」に落とされた悲運の矢先の死であった。

姉・ツルの結婚は「白石正一郎日記」（『白石家文書』）の慶応四（明治元（一八六八））年六月一八日に、「青山娘ヨメ入の由承り　餞卜して近江白絣帷子地差遣」と見える〔※2〕。

清の友人であった白石正一郎が結婚祝いで、琵琶湖東部周辺で生産される白地茶の麻の絣を贈ったようだ。「帷子（かたびら）」というので、一重の絣着物を夏用にあつらえるようにとの思いやりが伺える。

〔※1〕ヒサの戸籍は『靖国の源流』一三一頁に掲載。

〔※2〕戸籍では岩崎信一に嫁した時期を明治三年一一月九日としている。したがって別の娘がいたか、ツルが再婚したか、婚姻記録が維新後にずれ込んだかのいずれであろう。

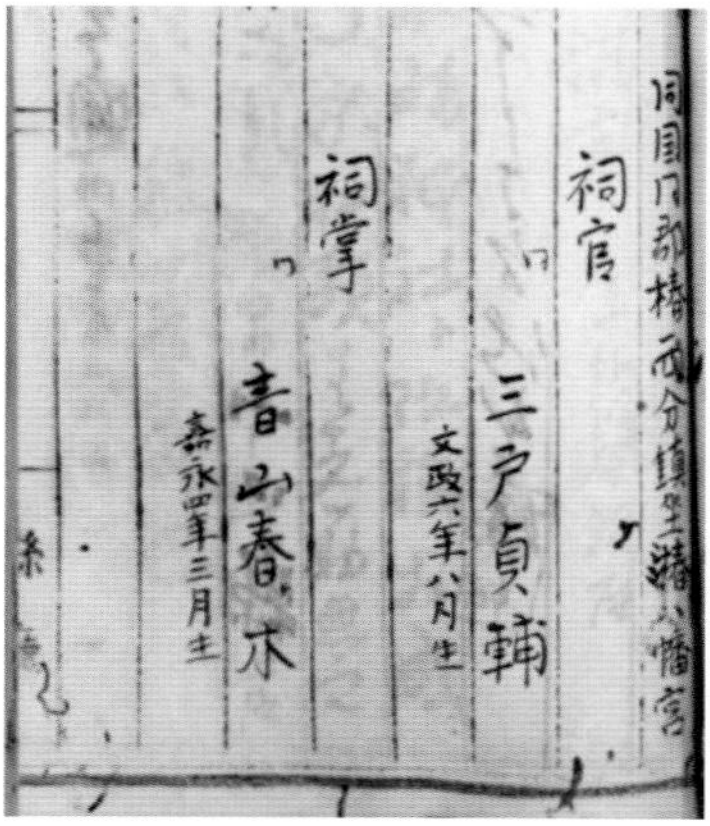

同国阿武郡椿西分鎮座椿八幡宮

祠官　三戸貞輔　文政六年八月生

祠掌　青山春木　嘉永四年三月生

㊤　移転前の大夫塚にあった青山春木の墓（平成19年2月）

㊦　『明治六年　社寺雑事録一』に椿八幡宮の「祠掌」として「青山春木」の名が見える。生年は、「嘉永四年三月生」とある（山口県文書館蔵）

# ④ 姥倉運河の工事

阿武川が分岐して東に延びた松本川の下流域に鶴江台がある。その南麓から萩漁港まで通じる全長約八〇〇メートルの水路が姥倉運河である。

毎年早春の風物詩として知られる「シロウオ四つ手網漁」(七一頁)がおこなわれる場所だ。

運河ができる前は、御船倉から松本川を鶴江台方面に渡る際に、青山大宮司家が「渡船証明」を出していた。鶴江神明宮に、そのことを示す享保二(一七一七)年一二月二八日交付の木札が残っていたのを、山本勉弥が確認している(『大萩雑話』『鶴江渡船場鑑札』)。

姥倉運河が造られた理由は、デルタ地帯ゆえの水害防止のためだった。天保七(一八三六)年には六月に大洪水が、嘉永三(一八五〇)年には六月と八月の暴風雨で大被害が出ていたからだ。

このときの災厄祓いの祭文(嘉永三年七月九日)も鶴江神明宮(旧鶴江神明社)に旧蔵されていた(現物は火災で焼失〔※1〕)。防長仕置役として右田毛利家より毛利筑前・大江元統が任じられて代参、奉納したものだ。

この流れで藩主・毛利敬親は、姥倉運河の建設に踏み切るのである。

掘削の計画図は「萩城内外略図(嘉永年頃)」(山口県文書館蔵『忠正公伝 第九編 第一章 一三二』)で見ることができる。また、工事風景は、防府市の毛利博物館所蔵の「萩両大川辺幷奈古屋島辺之図」で確認できる。

開削鍬初め式は、嘉永五(一八五二)年一一月一八日に鶴江神明社で行われていた(『忠正公伝』『第九編 第一章 姥倉開鑿の起工と其竣工』)。

鶴江神明社が選ばれたのは「敬親の氏神でもあった」(『萩市史 第一巻』)からで、椿八幡宮の下社でもある。

毛利敬親が巡検したのは一二月三日。翌嘉永六(一八五三)年二月七日に起工式が行われる。そして、ほぼ完成した安政二(一八五五)年六月三日に、毛利筑前が二五〇石船で航行を試みて無事通過が出来たので、六月五日に竣工式を行う。

その日、祭壇を設けた船に椿八幡宮宮司・青山清を乗せ、運河を運行しながら船上で運河竣工と航行安全の祈願を行ったのである。

しかし萩は、風雲急を告げる動乱に向かっていた。前年(安政元年)三月に下田踏海事件を起こした吉田松陰は、野山獄にいた。

青山清が姥倉運河の竣工祭を行った翌七月には、萩沖を異国船が通過し、騒然とする。時代は大きな転換期を迎えようとしていたのである。

〔※1〕『山口県神道史研究 第五号』に祭文の概略と翻刻文あり。

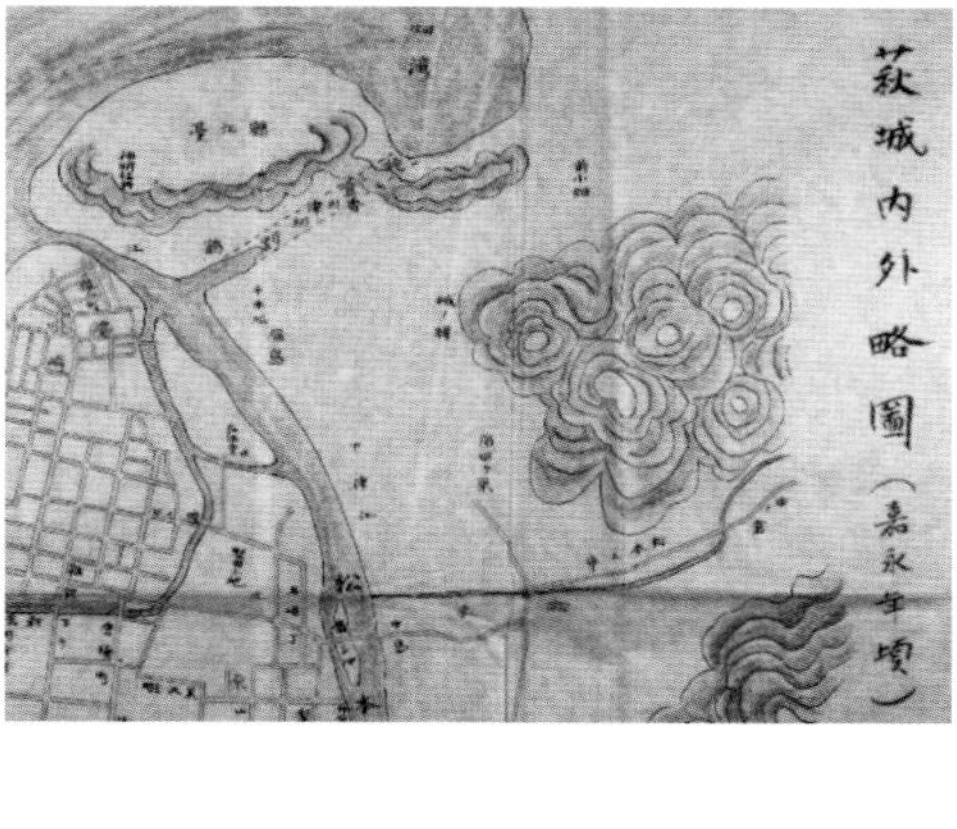


㊤ 嘉永3年7月9日の災厄祓いの祭文（鶴江神明宮旧蔵）

㊥ 姥倉運河の掘削工事風景を描いた「萩両大川辺奈古屋島辺之図」（〔部分〕防府市・毛利博物館蔵）

㊦ 姥倉運河掘削の図（山口県文書館蔵『忠正公伝第九編 第一章 二三二』）

# ⑤ 山県有朋と椿

山県有朋は天保九（一八三八）閏四月に椿八幡宮の対岸・川島庄（萩市川島）で、仲間（ちゅうげん）の山県有稔（ありよし）の子として生まれていた。

当時二三歳であった青山清から見れば、山県は子供世代である。

その山県が幼少期というので一一歳の嘉永元（一八四八）年から安政元（一八五四）年にかけてのころであろう。山県はメジロに餌を与えて家で飼うような動物好きの子供だった。

実に、そのメジロを捕獲した場所を『公爵山県有朋伝　上巻』（第一編・第三章「幼年時代の遊戯」）が椿八幡宮の鎮座地「椿村（椿郷西分村椿）」と語っていた。友人たちと連れ立って、船で阿武川を渡り、椿八幡宮周辺でメジロを捕り、帰途には地名由来の椿の枝を持ち帰っていたのだという。

こうした少年時代を知る同郷人が、椿郷の椿を、成年後の山県に贈ったこともあったらしい。また、その延長線上に、山県は思い出深いメジロと音が同じ「目白」の椿山の建物を購入し、「椿山荘」と名付けたとも語っている。

山県は、目白の椿山荘を明治八（一八七五）年頃に入手し、大正六（一九一七）年頃に藤田伝三郎の長男・平太郎に譲り渡していた。つづいて麴町五番町に新しい新椿山荘を建設している（『山公遺烈』「公の倹素」）。

村田峰次郎が『公爵山県有朋伝　上巻』で、山県がこれほど「椿山荘」にこだわった理由を、やはり郷里の椿郷との関係からだろうと述べている。

そんな山県が士雇となり、士族の仲間入りしたのが文久三（一八六三）年一月のことだ。

同年六月に高杉晋作が下関で奇兵隊を立ち上げると、山縣は早速入隊し、一二月には軍監に昇り詰める。

青山清も後年、戦死者を祀る神職として、奇兵隊に出入りするようになるので、山県との付き合いは古い。

おそらく奇兵隊で頭角をあらわす山県の成長ぶりを、青山も大いに喜んだはずである。

更には、こうした二人の関係性は、明治維新後に靖国神社の初代宮司となる青山と、陸軍の長となる山県という形で、新政府の枠内で継続していったのである。

既述のように、椿山荘が山県から藤田家に譲渡された縁で、萩では椿山荘に自生していたヤブ椿が、山県の生誕地と藤田伝三郎の旧宅跡「香雪園」（萩市南片河町）の二ヶ所で育っている。

それは藤田伝三郎ゆかりの藤田観光（東京都）の創立五〇周年で萩市が椿の苗木を贈った返礼として、平成一七（二〇〇五）年一二月に寄贈された椿である。

㊤ 山県有朋生誕地に移植された赤色ヤブ椿（萩市川島・令和５年３月）と山県有朋の肖像（山口県文書館蔵）

㊦右 山県有朋生誕地で開化した赤色ヤブ椿（令和５年３月）

㊦左 藤田伝三郎旧宅地「香雪園」の白色ヤブ椿（前同）

# 《コラム》吉田松陰と椿八幡宮

安政六（一八五九）年五月に吉田松陰は萩から江戸に移された。そして伝馬町の獄で一〇月二七日に処刑される。亡くなる一年余り前の「論大義」（安政五年七月一三日）で、「墨夷の謀は神州の患たること必せり」と、神道第一主義を表明していた。

あるいは安政元年の下田踏海事件後に書いた『幽囚録』では、蝦夷の開拓、カムチャッカとオホーツクの支配、琉球を版図に入れ、朝鮮を攻め、満洲や台湾、ルソン諸島を治めるという、後の大東亜共栄圏の雛型を示していた。吉田神道の八角形の精神（「八紘一宇」思想）とも重なる哲学だ。

こうした熱を帯びた敬神思想の源流は、松陰の実家である杉家が、代々の祖先祭祀を吉田神道で行ってきたことにもある。萩の松陰神社の神職・島元貴氏の「吉田松陰の神道観と葬祭」（『神社本廳　總合研究所紀要　第十九号』）によると、松陰の霊璽は専用の木箱に収められ、前立ての幣帛があり、黒塗りの本体に「吉田松陰先生神位」と書かれた立派なものであるとしている。

実は、松陰の父・杉百合之助は慶応元（一八六五）年ころまで、毛利家の祖先を祀る仰徳神社と、産土社の椿八幡宮にはは、毎年三回ずつ参拝していた。それも前日から準備をして、専用の裃を身に着けての念入りな参拝だった（『吉田松陰全集　第十巻』「杉恬齋先生傳」）。後に示す文久二（一八六二）年一〇月一七日の京都蹴上での松陰慰霊祭で、青山清が事実上の祭主となったのも、こうした親子二代にまたがる深い付き合いを抜きにしては考えられない。

加えて有名な話は、文政一〇（一八二七）年に仁孝天皇から徳川家斉が太政官大臣に任命された際の、家斉の不敬な態度に憤慨した百合之助が、この詔書を書き写し、子供のころの松陰に度々語って聞かせていたことだ。

松陰の討幕主義の源流というべき、この出来事は、安政六年の「東行前日記」の「家大人に別れ奉る」で、「耳存文政十年の詔（耳に存す文政十年の詔）」と松陰自身が記していた（『松陰吉田寅次郎伝』）。

絹本着色吉田松陰像
（山口県文書館蔵）

# 《コラム》 シロウオ四つ手網漁

姥倉運河のシロウオ漁は、もとは松本川で行われていたが、姥倉運河の完成により、運河でも獲られるようになったものだ。

そもそもは農閑期に地元民がはじめたというが、開始時期は明確ではない。

『防長風土注進案　當島宰判』の河島庄には、「白魚石銀」と見える。藩政期に白魚を税として納めていたことは確かであろう。

一方で、萩白魚漁組合長の井町廣満さんによれば、水害防止のため、藩主・毛利敬親が姥倉運河を開鑿したことで、地域住民たちは渡し船で物を運ぶ不便が生じたという。このため、運河ができた「代償としてシロウオ漁を優先的に認めたのが始まり」（1996年10月30日『ブルー・ガイドニッポン　萩・津和野・山口』）と語る。

萩のシロウオ漁で特徴的なのは、大きな正方形の網の四隅を、十文字に組んだ竹の腕木にとめて、船上で引き上げる「四つ手網漁」と言われる手法にある。

姥倉運河や松本川でシロウオ漁が本格化するのは、毎年春で、今では萩の風物詩になっている。

姥倉運河でシロウオ漁をする柴田孝治さん（昭和18年生まれ）。左は柴田さんが獲ったシロウオ（令和5年3月）

# ⑥ コレラと『国基』

幕末の外国船の出没が外患なら、安政五(一八五八)年八月のコレラの流行は内憂であった。

『青木周弼』によれば、萩藩では八月一四日から二五日までの二週間足らずで五八三人がコレラで亡くなっていた。三六年前の文政五(一八二二)年の流行につづく第二波であった。

このため八月一五日には「悪厲の気なり」との触れ込みで、西の浜(現、萩城跡の西海岸)と菊ヶ浜の二つの台場で、大砲が朝夕二回の五発ずつ発射された。また翌一六日には春日神社と椿八幡宮の二社に、二夜三日の祈祷が命じられた。青山清も、コレラ退治の祈祷を行っていたわけである。

実は、藩主・毛利敬親もコレラに罹った。だが、大事には至らず、一方で藩医の山根文季が罹患して亡くなった。彼の息子が後に阿弥陀寺を赤間宮にリニューアルする際、青山清と行動を共にする洋学者の小野為八であったのも面白い(九二頁)。

椿八幡宮のコレラ退治が功を奏したのか、収束に向かう。一方で、一一月には吉田松陰が老中・間部詮勝の暗殺を企て、一二月二六日に再び野山獄に入れられた。処刑は翌安政六年一〇月二七日のことだ。

松陰亡き後の門下生たちは、やりきれない思いで萩で生活を続けたに違いない。その一人で、藩校・明倫館に勤務していた高杉晋作が、明倫館での稽古後、「編輯局」で『国基』を借りたのが文久元(一八六一)年四月一二日のことであった。

高杉の日記『暬御日誌』(『高杉晋作史料　第二巻』)には、「青山氏所持之本也」と見え、設置されたばかりの「編輯局」に青山清が出入りしていた様子が伺える。

その日、高杉は昼寝をし、夜に二〇枚ほど習字の練習をした後、青山から借りた『国基』を一一枚を読んでいる。しかも、よほど気に入ったのか、翌四月一三日には野村和作の家を訪ね、『国基』の書き写しを頼んでいた。

『国基』とは学習院創設者の座田(維貞)が儒教と国学の両立を前提に、国体の独自性を説いた書だ。安政四(一八五七)年一〇月二四日に吉田松陰が門人・岸御園に宛てた手紙で、「国基は僕未だ全書を見ず、然れども抄贈せられし所の数条、以て其の大意を窺ふに亦已に足れり」(『吉田松陰全集　第四巻』)と書いている。師である松陰が興味を持っていた『国基』を、高杉が読みたくなるのも当然だ。

山口県立図書館には「長門内庫図書」の印の捺された安政二年版の『国基』が保管されている。「編輯局」に立ち寄っていた高杉が、青山から借り出した『国基』が、これであったのか。

㊤「長門内書庫」の印の捺された安政2年版『国基』
（山口県立図書館蔵）

㊦ 幕末にコレラ退治のために大砲が撃たれた萩城近くの「西の浜」
（令和３年11月）

⑦

## 「鸞輿巡幸図《らんよじゅんこうず》」に描かれた宝刀

安政五（一八五八）年ごろに藩の絵師・大庭学僊の描いた「鸞輿巡幸図」（部分・萩博物館蔵）。椿八幡宮、春日神社、金谷天満宮、住吉神社などの祭礼御神幸の様子を一枚に収めた想定図である。

このカットは椿八幡宮の御神幸風景の抜粋で、大きな宝刀を担いだ人（右端）が描かれている。

# ⑧ 編輯局と『萩城六々哥集』

萩明倫館に国学調査機関の「八州之調らへ編輯局」が設置されたのは万延元（一八六〇）年であった（『山口県史　史料編　近世1上』解説）。

この流れで、翌文久元（一八六一）年五月二三日に、家老の益田禅正（右衛門介）が毛利家の「文武の徳業」の歴史を調査するよう、明倫館学頭の飯田左門に指示した。飯田は坂上忠助を編輯局に雇い、正史、伝説、日記（家乗）を分類してまとめにかかる（『忠正公伝』（三九四）「第一七編　第一章　第二節　第十三項　大八洲及び歴代事蹟の調査と献本並に其蔵書」）。

五月二八日からは青山清（上総介）も国学仲間の安部卯吉、蔵重貫一郎らと編集係として作業に従事した。その後、諸生の長沼千熊、尾寺新之丞、斉藤弥九郎、普喜延蔵たちと、「大八洲の調査」を進めていくのだ。

「卯吉　上総介　貫一郎は各本朝の制度律令格式を略研究し……」（前同『忠正公伝』）

青山清たちは天皇家の制度や律令の格式などの研究をした。

天保一五（一八四四）年頃に、椿八幡宮を会場にして、近藤芳樹らと令義解を輪読したことなどが役に立ったに違いない。元治元（一八六四）年二月に萩と山口の二つの明倫館の釈菜が儒教式から神道式になるのも（八四頁）、その延長線上の出来事だった。

話を戻せば、長井雅楽が「航海遠略策」を朝廷に提出したのが文久二（一八六二）年三月。朝廷と幕府が一体化して外患に対処する公武合体論である。時を同じくして萩では『萩城六々哥集』が刊行された。翌四月には京都伏見で寺田屋事件が勃発する。

維新回天の幕開けを迎えた時期に出版された『萩城六々哥集』で、清も「青山長清」の名で、「水辺鶯（みずべのうぐいす）」という歌を書いていた。

宇（う）く以（い）す能（の）／翅（つばさ）そゝまで濁（にご）したり／春まだあさき山の井の水

表題の「六々」とは、三六名の長州歌人を指していた。楢崎景海が歌を選び、国学者の近藤芳樹が序を加えていた。登場する歌人は、編輯局で清と一緒にいた安部卯吉（正臣）。彼の父で藩主・毛利敬親に歌道を授けた国学者の安部福臣（惟貞）。近藤芳樹門下の近藤忠皞（清石）。後に禁門の変で自刃する福原元僩（越後）。同じく国司朝相（信濃）たちだった。

山口県文書館には文久三（一八六三）年一一月に山口に移転した山口明倫館の図面があり、文学寮の横に「編輯寮」と「国学所」が確認できる。

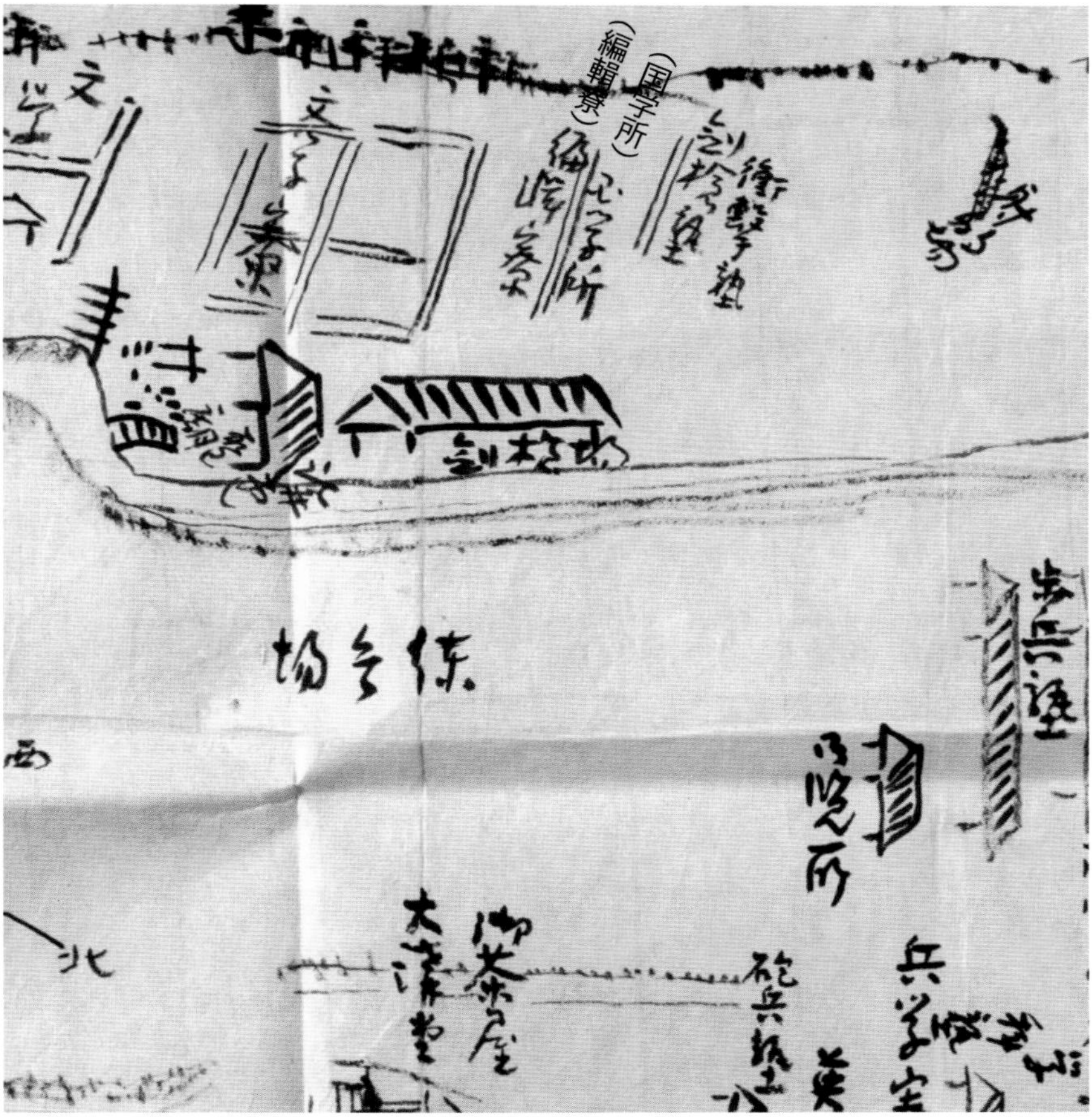


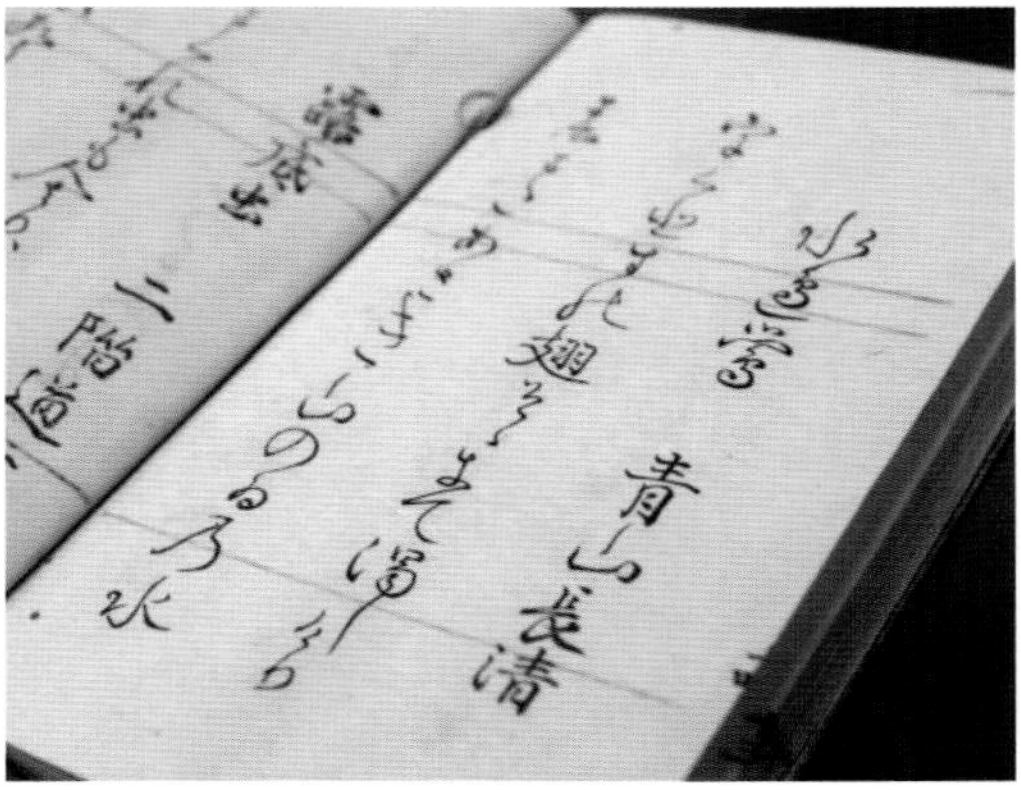


㊤　山口明倫館の「文学寮」周辺図。右手に青山清（上総介）らが居た「編輯寮（局）」及び「国学所」がある〔山口県文書館蔵「山口明倫館諸寮配置図〔部分〕」活字添付）

㊦　『萩城六々哥集』の青山長清「水辺鶯」（山口県文書館蔵）

# ⑨ 京都での吉田松陰慰霊祭

吉田松陰が江戸伝馬町の獄で処刑されたのは、安政六(一八五九)年一〇月二七日であった。

それから三年後の文久二(一八六二)年一〇月一七日に、久坂玄瑞の主唱により関係者一九名が京都の蹴上に集まり、秘密裏で吉田松陰の慰霊祭を斎行した。

一九名の参列者は「吉田松陰慰霊祭関係文書綴」(山口県文書館蔵)に記されている。まず、祭主として椿八幡宮大宮司の青山清(青山上総介)と松陰門下の寺島忠三郎。久坂以下の「参詣人」は、佐世彦七、福原音之進、福原三五郎、岡部繁之進、河上弥市、杉山松介、吉田栄太郎(稔麿)、澄川敬助、楢崎八十槌、佐々木次郎四郎、瀧弥太郎、三戸詮蔵、結城市郎(筑前人)、小国甲(剛)蔵、松嶋剛蔵、福原亀太郎たちであった。

楫取素彦(慰霊祭に参加した松嶋剛蔵の弟)も参列予定だったが間に合わず、香典のみ送ったという(『吉田松蔭之殉国教育』)。したがって最初は二〇名で計画していたようである。

当時、蹴上には毛利家の粟田山屋敷があった。場所は「京都日ノ岡　蹴上ケ」。安政のころに毛利家の所領となり、文久年間には志士たちのたまり場になっていたようだ。ただし、「文久頃有志ヲ置ク　元治元年七月没収」と『増補訂正　もりのしげり』に見えるので、禁門の変により、没収されたようである。その場所は「京都市疏水敷地」、すなわち現在の蹴上浄水場の辺り一帯だった。

ところで慰霊祭に参列した「寒緑」こと杉山松介が、「千束」こと山県有朋に宛てた当日の手紙で、以下のように綴っていた。

「今朝　粟田山御買土地中　鷲大明神社に而　松陰先生神祭の式　催され申候。同志中　青山上総神官に而、誠に古蕭の式　感銘仕候。幕も葬典の詔遵奉の様子内々朝廷に伺書差出候。素より極秘に而御座候…」(『山県有朋関係文書―2』)

幕府の大赦令は一ヶ月先の一一月二八日(『増補訂正　もりのしげり』)なので、松陰は未だ国賊扱いの時期である。このため、極秘で慰霊祭をする必要があったのだ。

また、「唯一神道」を標榜する吉田神道を代々奉じてきた青山清が、粛然と行ったこの極秘の祭事こそが、討幕に向けて、萩藩で人を神として祀る招魂祭の最初とも考えられる。

実際、一ヶ月後の一二月一二日に、松陰の慰霊祭を主宰した久坂をはじめ、井上馨や伊藤博文、高杉晋作など一三名が品川に建設中の英国公使館を焼き討ちを行った。あたかも、松陰の御霊が蘇ったように、である。

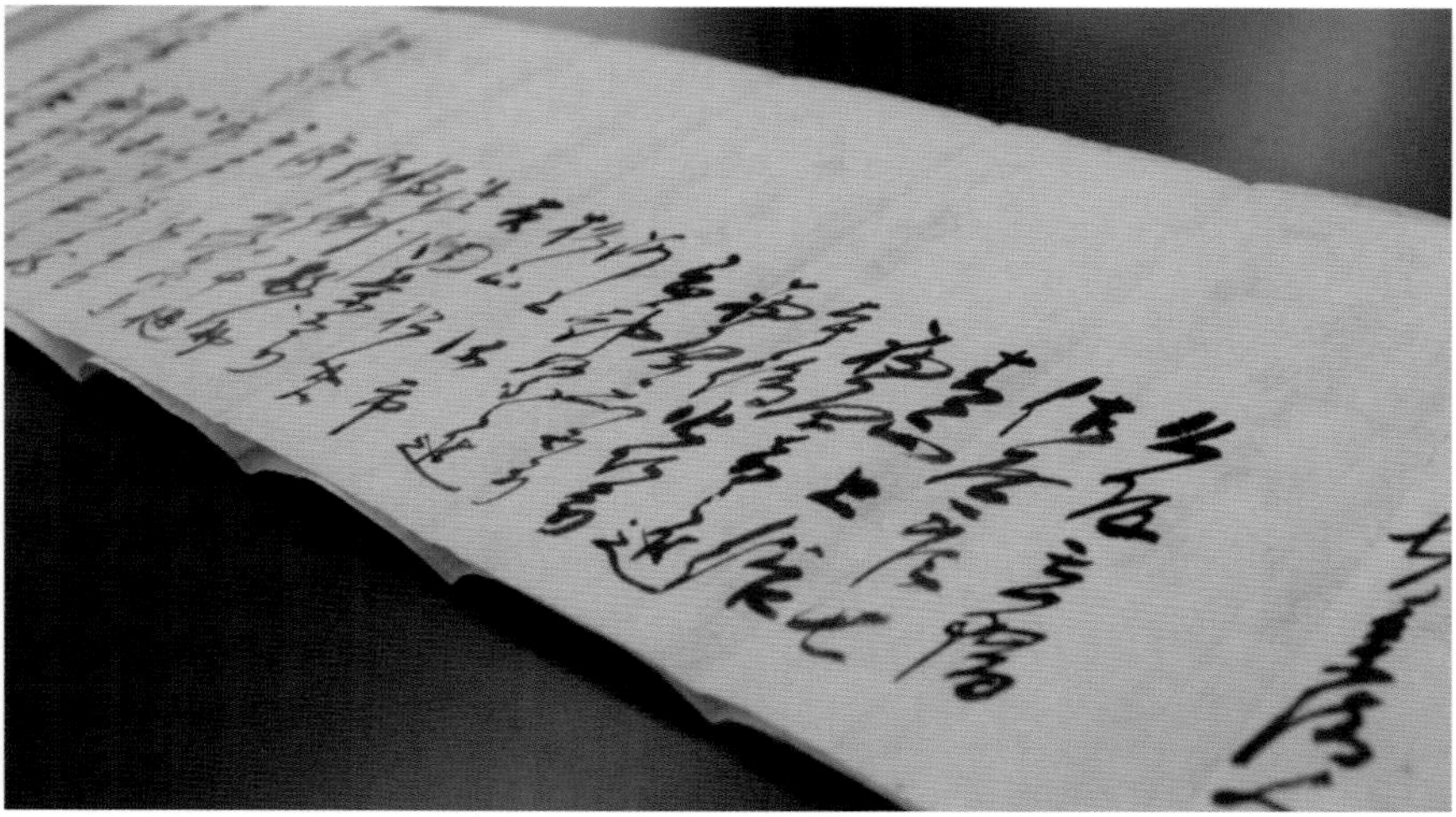

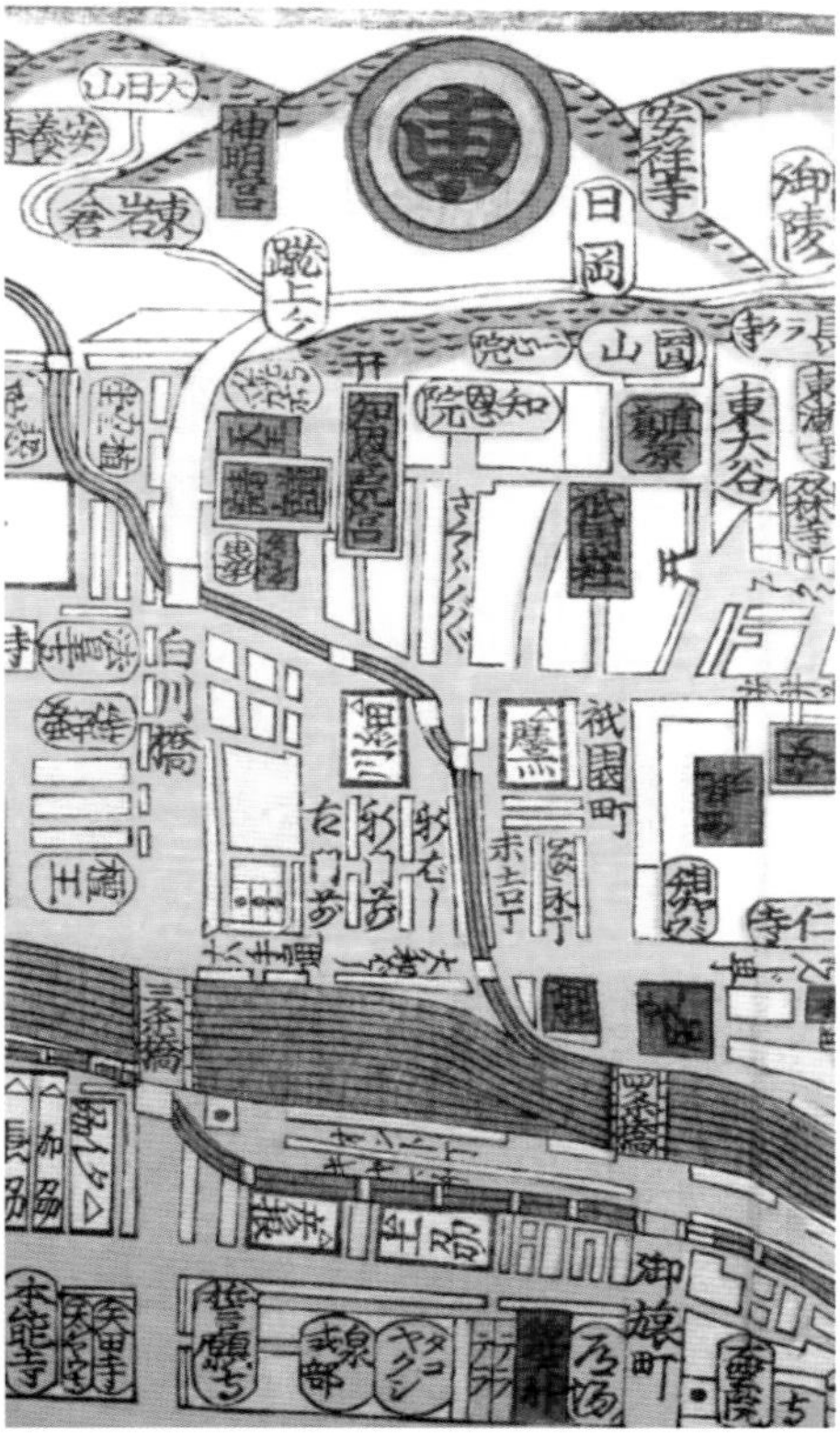

㊤　文久2年10月17日の京都蹴上での吉田松陰慰霊祭記録。青山清は「青山上総」の名で右から3人目に見える（山口県文書館蔵「吉田松陰慰霊祭関係文書綴」）

㊦左　上部に「蹴上ヶ」が確認できる古図（山口県文書館蔵「元治新撰　皇都細見図」部分）

㊦右　吉田松陰の慰霊祭が行われた京都蹴上付近（平成27年11月）

# ⑩ 奇兵隊創設と「神祇道建白書」

文久三（一八六三）年は二月にフランス軍艦二隻が下関に出没し、四月には藩主・毛利敬親が萩から山口中河原のお茶屋に移動し、藩庁が山口に移りはじめる（正式に「山口移鎮告諭」が出るのは七月）。

山口常栄寺の祖溟和尚が、尊王攘夷派の宮城彦助に殺害されたのは、その直後だった。宮城は御盾の名で、青山清らと『萩城六々哥集』で歌を詠んでいた大組士である。

つづいて五月一〇日に下関海峡から仏・米・蘭の船を砲撃して馬関攘夷戦争がはじまると、井上馨、伊藤博文、山尾庸三、遠藤謹助、野村弥吉たちがイギリに密航する。後に「長州ファイブ」と呼ばれる五人だ。

馬関守備役となった高杉晋作は六月七日に奇兵隊を創設。舞台は現在、下関市竹崎町三丁目の中国電力下関営業所敷地内に「白石正一郎邸跡」の石碑が建つ場所であった。

六月九日付の金子文輔の「馬関攘夷従軍筆記」（『高杉晋作史料 第三巻』）によると、竹崎町の白石邸に五、六〇名の奇兵隊入隊組と共に、萩、徳山、長府、清末の各藩からも藩兵が集合していた様子がわかる。

食事や酒の給仕の必要から関係者の妻や子女たちも借り出され、白石の弟・廉作と一緒に「椿北堂存在シ」とある。椿八幡宮の「北堂」こと、青山清の母「千世」も白石邸に詰めて隊士たちの世話をしていたのか。

実は山口に藩庁が移ることで、五月六日には萩城内の仰徳神社（祖霊社）の神主を椿八幡宮に移動させていた（『萩史料』）。ご神体の毛利元就の神霊は六月六日に椿八幡宮に遷されている。

八月には山口の多賀神社（県庁近くの国道九号線を挟んで武徳殿の向かいにあった神社）に遷されるので、一時的な遷座であった（山口県文書館蔵『御霊社山口に御遷宮并に椿社内に仮御遷座一件』）。萩では六月二五日に菊ヶ浜台場の建設も始まっている。

七月五日には、山口講習堂（後の山口明倫館）に復古局が設置され、青山清、中村百合蔵、安部卯吉、斉藤弥九郎、佐甲但馬ら藩内の国学者たちが復古方に命じられて、古事典故の研究をはじめている（『山口市史 史料編近世2』「山口移鎮記」）。

直後に清は天野小太郎、三戸詮蔵、佐甲但馬、世良孫槌ら五人で、藩政府に「神祇道建白書」（山口県文書館蔵『萩藩建白書雑集二』）を提出し、神祇所の復興のため京都に上るのだ。

それは四月一六日の世子・毛利元徳の策義「神道興起、異端邪説滅仕候様」に呼応した行動だった（『豊北町史』「神社の崇敬」）。

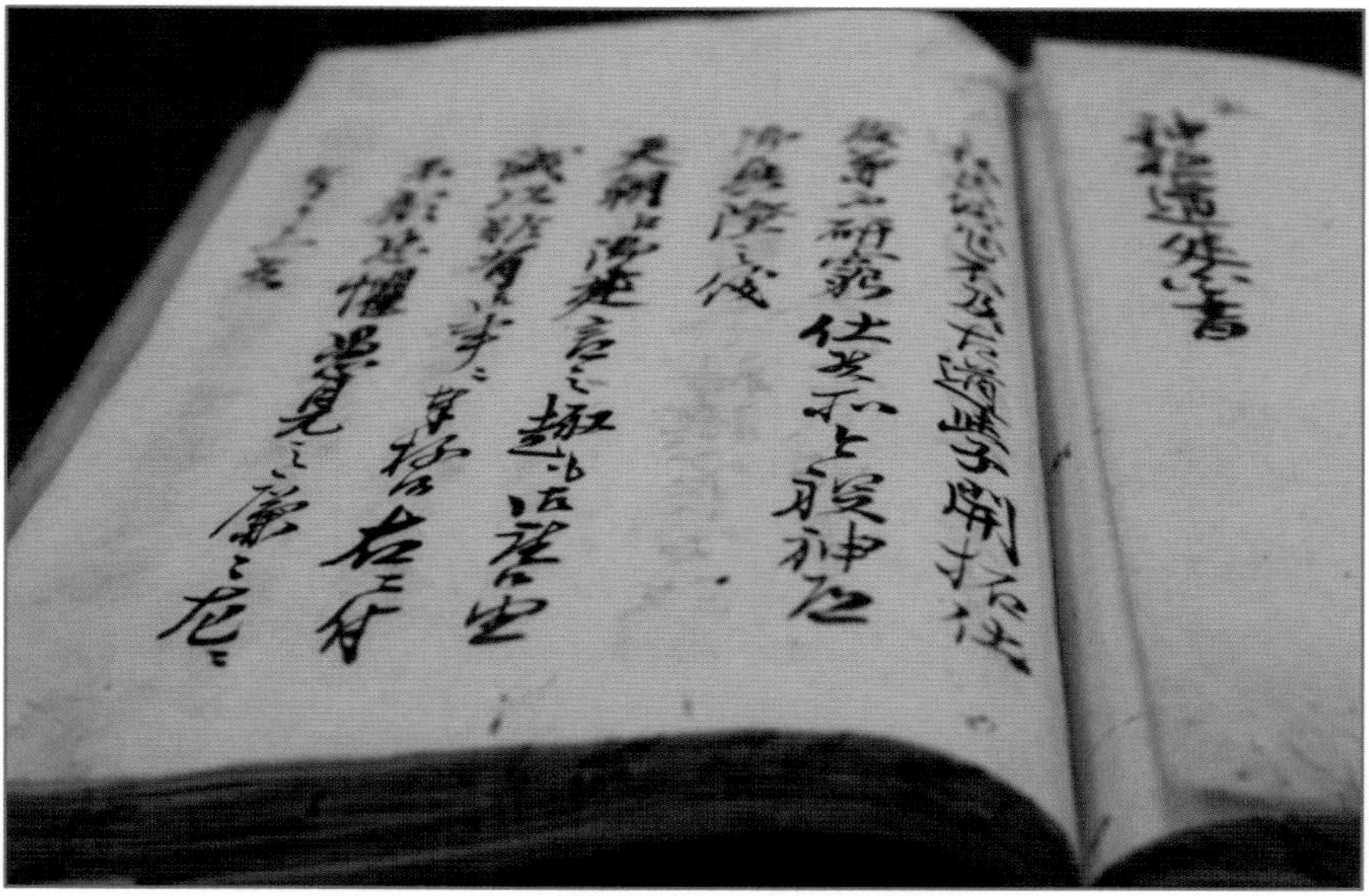

㊤ 高杉晋作誕生地（萩市南古萩町・令和５年３月）

㊦ 青山清たちは「神祇道建白」（山口県文書館蔵）で、寺社所を廃し、神祇所を設立するなど、後の国家神道の雛型を示した

# ⑪ 吉田稔麿と〈靖国〉

　高杉晋作の創設した奇兵隊は、吉田松陰の『西洋歩兵論』（安政五〔一八五八〕年九月）に引用された「兵は正を以て合ひ、奇を以て勝つ」の孫子の言葉どおり、身分制度にとらわれない「奇」なる兵隊だった。

　斬新な高杉の発想は、松陰門下の吉田栄太郎に波及し、更にアグレッシブな屠勇隊を用意する。

　藩内の被差別民「穢多（えた）」（垣内〔かきうち〕）まで集めて軍服、帯刀姿で出陣させる前代未聞の挙兵構想だ。これを藩政府は、文久三（一八六三）年七月七日に許可する。

　卒族（足軽）出身の吉田栄太郎が名字帯刀を許され、士雇になったのがこのときだった。ところが同姓同名の大組士がいたので、青山清に頼んで年麿（稔麿）と改名している。

　長州藩士・吉田稔麿の誕生である。

　その喜びを両親に宛てた手紙で、以下のように綴っていた。

「吉田栄太郎ハさゝわり有之、改名いたし候様との事、幸（ひ）椿八幡宮神主青山上総助にあひ申候間、名をたのみ申候ところ年麿呂（トシマロ）と付呉申候、年と申ハ豊年と申事にて、よい田のほうねんと申心に御座候」（『松陰先生と吉田稔麿』）

　こうした延長線上に、長州藩では、徳川幕府と戦う一新組や維新団などの被差別民軍が次々と結成される。

　実は、幕末長州の身分解放運動も、安政四（一八五七）年二月に郡奉行所本締（もとじめ）本役になる佐藤寛作（岸信介の曾祖父）や、先大津代官の周布政之助などの手で表面化していた。

　大津郡滝部村の被差別民「宮番」であった登波（烈婦登波と呼ばれた未亡人）の仇討事件（文政四〔一八二一〕年）を顕彰するため、周布が松陰に「烈婦登波碑」の碑文を依頼し、松陰は『討賊始末』をまとめ、門下生の画家・松浦松洞に登波の肖像画を描かせていた。その流れで、佐藤が国学者の近藤芳樹と一緒に、登波を平民に戻らせる工作を進めるのであった。

『三田村鳶魚全集　第十五巻』（「雨蓑風笠」）は、このときの佐藤の功績について、「一大英断」と讃えている。

　こうした幕藩体制崩壊の帰結が、討幕維新後に上京し、清が初代宮司を担った靖国神社の原像といってよい。

　三宅雄二郎（雪嶺）が明治四三（一九一〇）年刊の『偉人乃跡』（「靖国神社と銅像」）で、靖国神社に祀られる条件として、「国家の為めに斃れし者」とし、「大臣大将と雖も国難に斃れざれば与るを得ず、一輪卒と雖も死せば則ち与かる」と明記している。

　徳川幕府が将軍家のみを神として祀ったのに対して、長州藩は功績のあった全員を「平等」に神としたのだ。

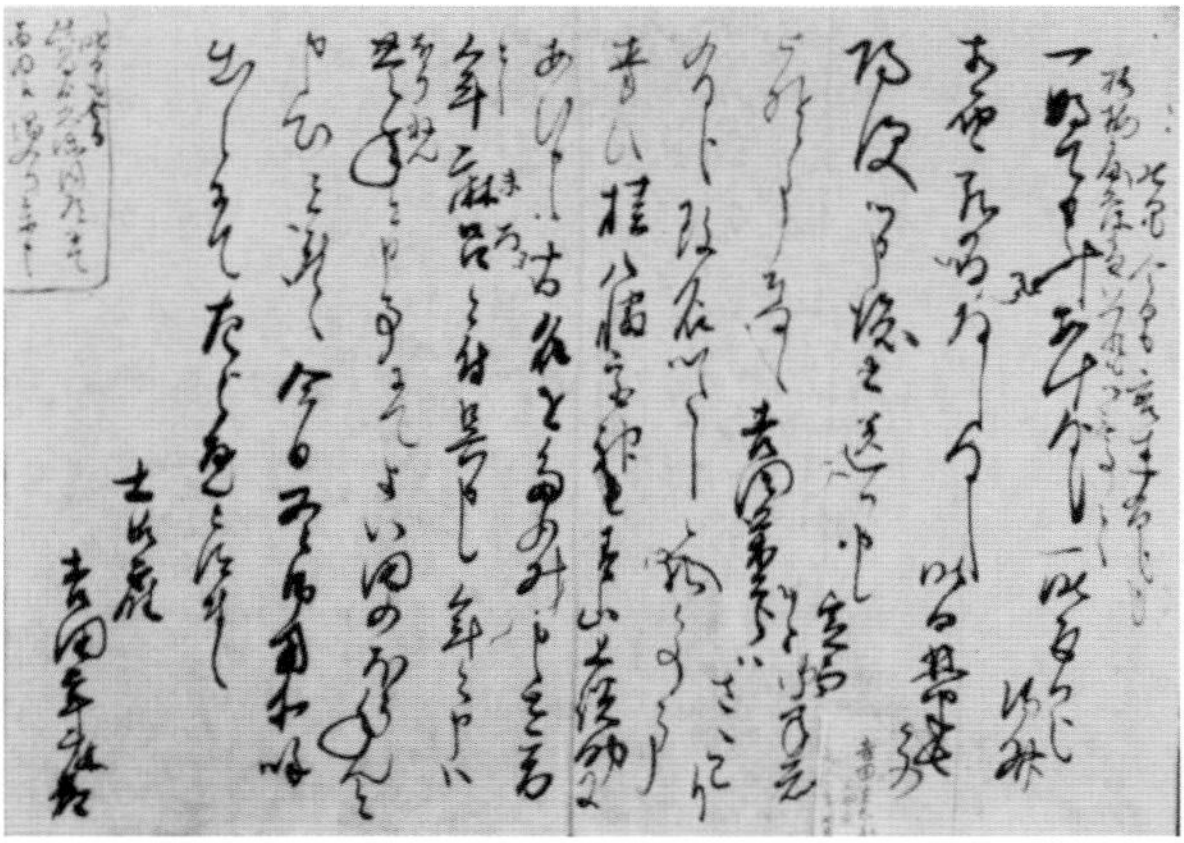

㊤　吉田稔麿生誕地〔石碑には「稔丸」とある〕（萩市椿東・令和５年３月）

㊦左　吉田稔麿が文久３年７月７日付で両親に宛てた手紙。青山清に「年麻呂」の名をつけて貰った喜びを伝えている（『吉田年麻呂史料』）

㊦右　滝部八幡宮前に鎮座する「烈婦登波（とわ）碑」（平成29年９月）

## ⑫『大八洲廼調《おおやしまのしらべ》』と楠公祭《なんこうさい》

文久三(一八六三)年一一月二三日に、新たな藩都となる山口で、講習堂が山口明倫館へとリニューアルされた。一二月三日には山口明倫館に編輯局が設置され、二五日には青山清(青山上総介)と世良孫槌の出勤が命じられる(『山口市史　史料編近世2』「山口移鎮記」)。

山口県文書館には同日(一二月二五日)付で、青山清と世良孫槌(利貞)の連名で提出された『大八洲廼調』が残る。明治三四(一九〇一)年五月一日付けで福井清介の書いた冒頭の解説文には、古事や忠臣事績の調査をするよう仰せ付けられたが、儒家だけでは調査できないので、青山が京都に赴き神道研究を行い、藩内の国学者が召し出されて協力するよう仰せつけられたとある。「神祇道建白書」(八〇-八一頁)の実践による未定稿の成果物か。表紙裏に墨書された「青山下総」と「世良孫槌」の二人のうち、「下総」は「青山上総」の偽名であった。

こうして山口明倫館の編輯局が国学研究のシンクタンク化するのと連動して、元治元(一八六四)年が明けると西洋式の新城「山口御屋形」、すなわち山口城の建設が始まるのだ。それは天皇の玉座を彷彿させる「八稜城」(前同「山口移鎮記」)であった。

工事総責任者は、翌年の禁門の変で自刃する永代家老の福原越後。二月一五日の春祭りから、萩と山口の明倫館の釈菜も、儒教式から神道式に改善される(『山口高等商業学校沿革史』)。そして五月二五日に、山口明倫館で最初の楠公祭が斎行される。

藩政府主催の南朝復活神事に、清と佐甲但馬が出勤を命じられたのは二三日。従祀される吉田松陰、村田清風、来原良蔵ら長州志士一七名の選定作業のためであった(『忠正公伝』(三五四)「第一六編　第四章　第九節　第六項　楠公祭の執行」)。

供物や奉納用の和歌詩文、講堂での中村百合蔵の大日本史楠公論賛の講演準備も、全て編輯局で進められた。清もこれに従事したのであろう(石川卓美『防長護国神社誌　招魂社起源考』山口県文書館蔵)。

実際の楠公祭では、藩主・毛利敬親が世子の元徳や毛利元敏(長府毛利家世子)、毛利元功(徳山毛利家世子)を率い、祭壇前で、「芳野の山に名に負ふ物桜一本、大人の姓の物と橘一枝、此の両種をも積み添へて奉り給へる宇豆の幣帛を……」(『湊川神社史・中巻〈景仰篇〉』)と詠み上げた。

つづいて六月二九日付の通達では、「長山」こと亀山の山頂に神殿五棟と幣殿と拝殿のある檜の白木造りの立派な社殿を建設する計画が浮上した(前同「山口移鎮記」)。

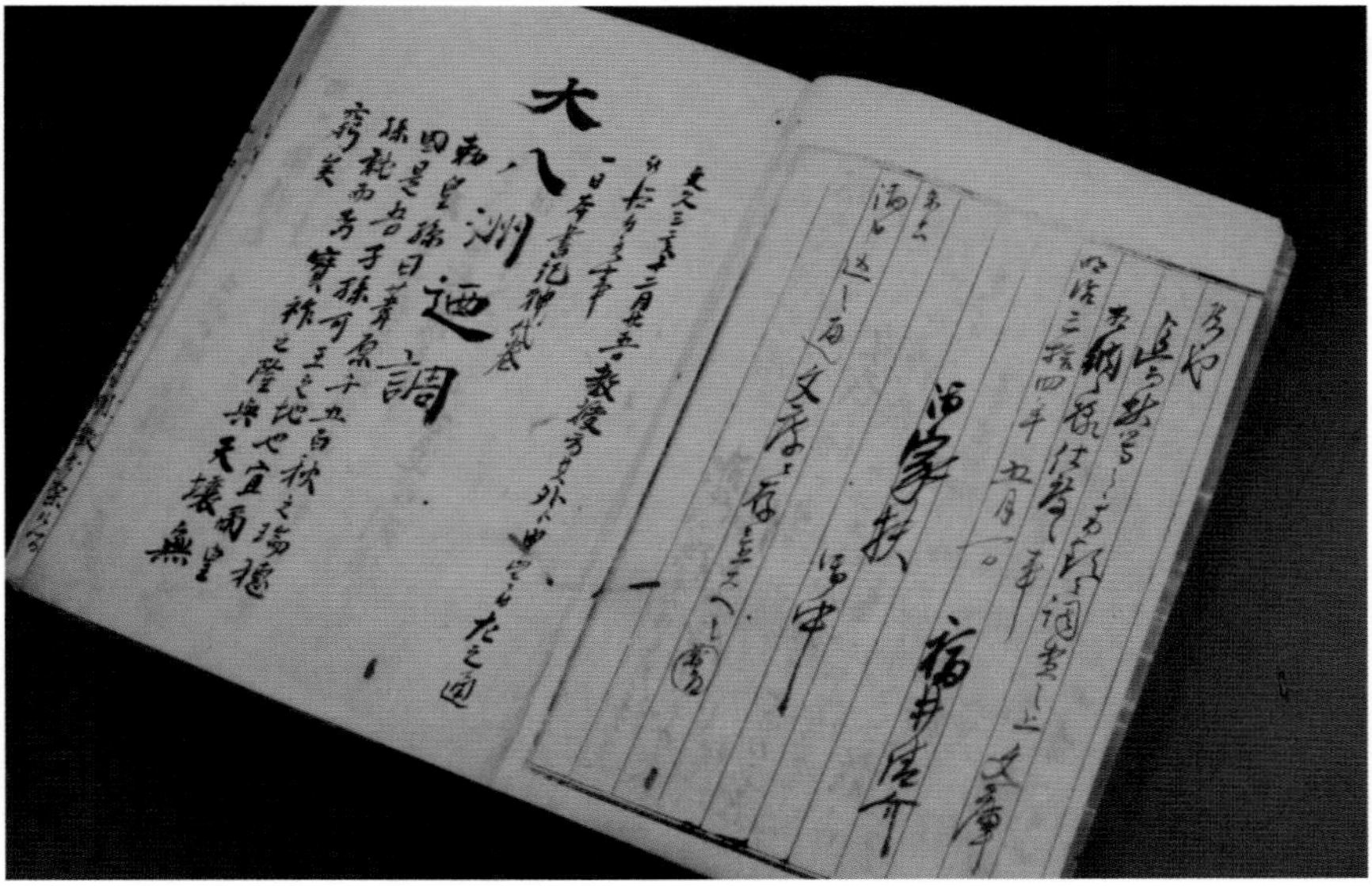

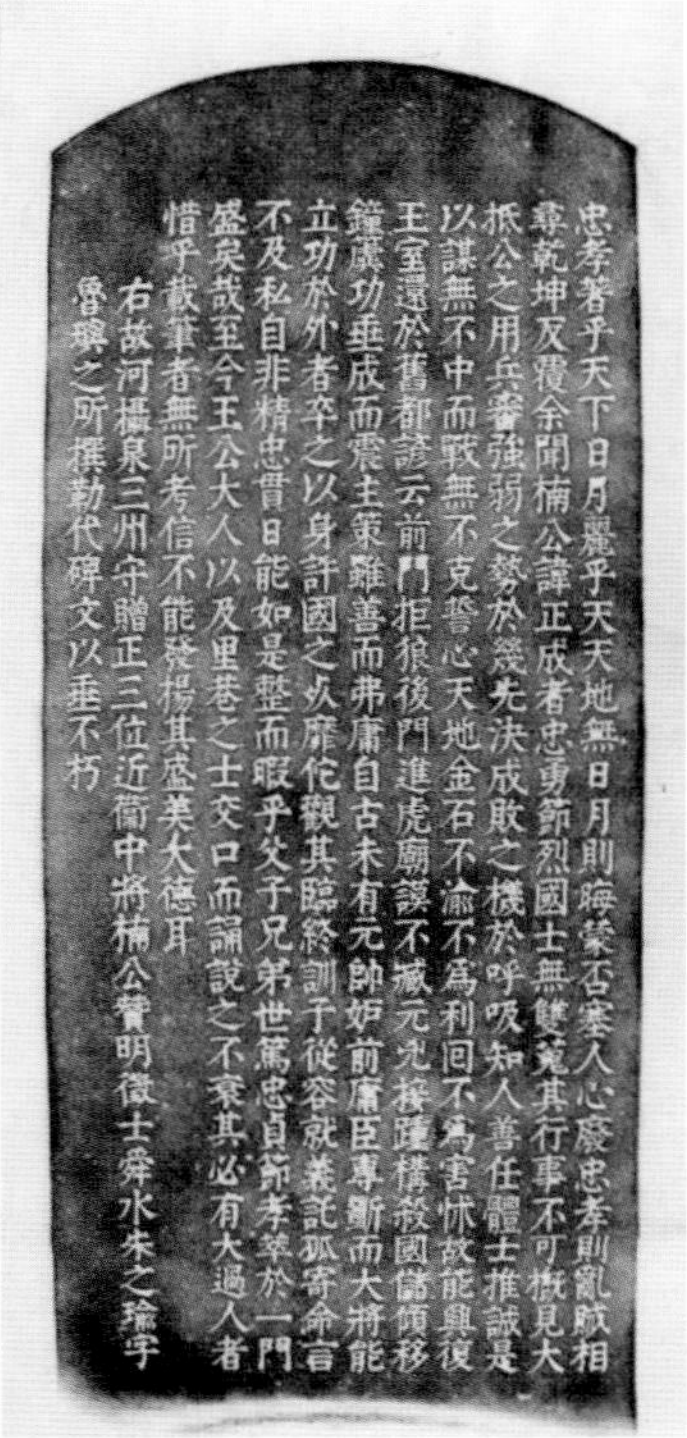

忠孝著乎天下日月麗乎天天地無日月則晦蒙否塞人心廢忠孝則亂賊相
尋乾坤反覆余聞楠公諱正成者忠勇節烈國士無雙蒐其行事不可概見大
抵公之用兵審強弱之勢於幾先決成敗之機於呼吸知人善任體士推誠是
以謀無不中而戰無不克誓心天地金石不渝不爲利回不爲害怵故能興復
王室還於舊都諺云前門拒狼後門進虎廟謨不臧元兇接踵構殺國儲傾移
鐘簴功垂成而震主策雖善而弗庸自古未有元帥妒前庸臣專斷而大將能
立功於外者卒之以身許國之死靡佗觀其臨終訓子從容就義託孤寄命言
不及私自非精忠貫日能如是整而暇乎父子兄弟世篤忠貞節孝萃於一門
盛矣哉至今王公大人以及里巷之士交口而誦說之不衰其必有大過人者
惜乎載筆者無所考信不能發揚其盛美大德耳
右故河攝泉三州守贈正三位近衞中將楠公贊明徵士舜水朱之瑜字
魯璵之所撰勒代碑文以埀不朽

㊤ 文久3年12月25日付で、青山清と世良孫槌（利貞）の連名で提出された『大八洲廼調（おおやしまのしらべ）』（山口県文書館蔵）

㊦左 吉田松陰が嘉永4年に入手した「楠公湊川碑拓本」（山口県文書館蔵）

㊦右 山口城跡（現在の山口県庁の場所にある旧藩庁門・平成26年3月）

## ⑬ 錦小路頼徳を祀る「赤妻神社」

山口明倫館で楠公祭が斎行された元治元（一八六四）年五月二五日に、山口赤妻の地でも動きがあった。

四月二五日に下関で没した錦小路頼徳の「忌祭」を、藩主・毛利敬親が「奥室」で行い、遺骸の埋められた赤妻の地に、使いの者を「代拝」させたのだ。神道では埋葬後「三旬」、つまり一ヶ月が経なければ触穢（しょくえ）の恐れがあった（『忠正公伝』（三五八）「第一六編　第四章　第一二節　第三項　錦小路頼徳の卒去と赤妻埋葬」）。

錦小路は文久三（一八六三）年八月一八日に、京都から追放された七人の公家（七卿落ち）のうち、最年少者である。長州に逃れた錦小路は三田尻（防府市）の招賢閣に身を隠し、一〇月に沢宣嘉（さわのぶよし）を除く五卿と山口に転居した。元治元年三月に砲台巡視、海岸防備視察のために下関に移るが、すでに結核に罹患していた。

三月二八日に亀山八幡宮を参拝し、壇ノ浦で銃砲演習を見学したが容態が急変。宿所の白石正一郎邸で療養する。残る五卿は彦島砲台や前田砲台などを見学し、四月初旬に三条実美は湯田へ、他の四卿は山口の氷上山真光院に戻るが、錦小路だけは既述のように四月二五日に下関で亡くなるのだ。享年三〇歳。

赤妻埋葬の前に、下関では奇兵隊士たちが建設中の桜山招魂場の中央に錦小路の遺骸を葬り、「攘夷の守護神」にしようと言いだすが、藩の許可が下りなかった。そこで遺品（烏帽子、狩衣、袴、扇子）を招魂場に埋葬しただけで、柩（ひつぎ）は藩都・山口に送り（『松陰及其後』『高杉晋作秘話』）、五月八日に龍泉寺（山口市前町）に届けられた。三条西季知、東久世通禧、壬生基修、四条隆謌、それに三条実美の代理が遺体を拝み、つづいて福原越後、益田右衛門介、国司信濃の三家老が拝み、夕方に赤妻に埋葬された。五月二五日には五卿が赤妻を参拝し、高田御殿（現、井上公園）に戻ると、そこでも楠公祭を執行していた（福本義亮『大楠公と吉田松陰』）。

それから三日後の五月二八日に、青山清が赤妻の埋葬地で祝詞をあげる。そして翌二九日から祠の造営がはじまり、神社名は地名にあやかり安加都麻社（現、赤妻神社）と名付けられたのである。

『忠正公伝』によれば、七月二日と三日の二日間、盛大な祭典が行われ、三日に毛利元徳が参列したそうだ。

なるほど、七月三日の東久世通禧の日記（『東久世通禧日記　別巻』）に、「錦小路殿神霊赤妻山頂ニ勧請、大膳大夫殿（毛利敬親）ヨリ祭祠扱行……」と見える。

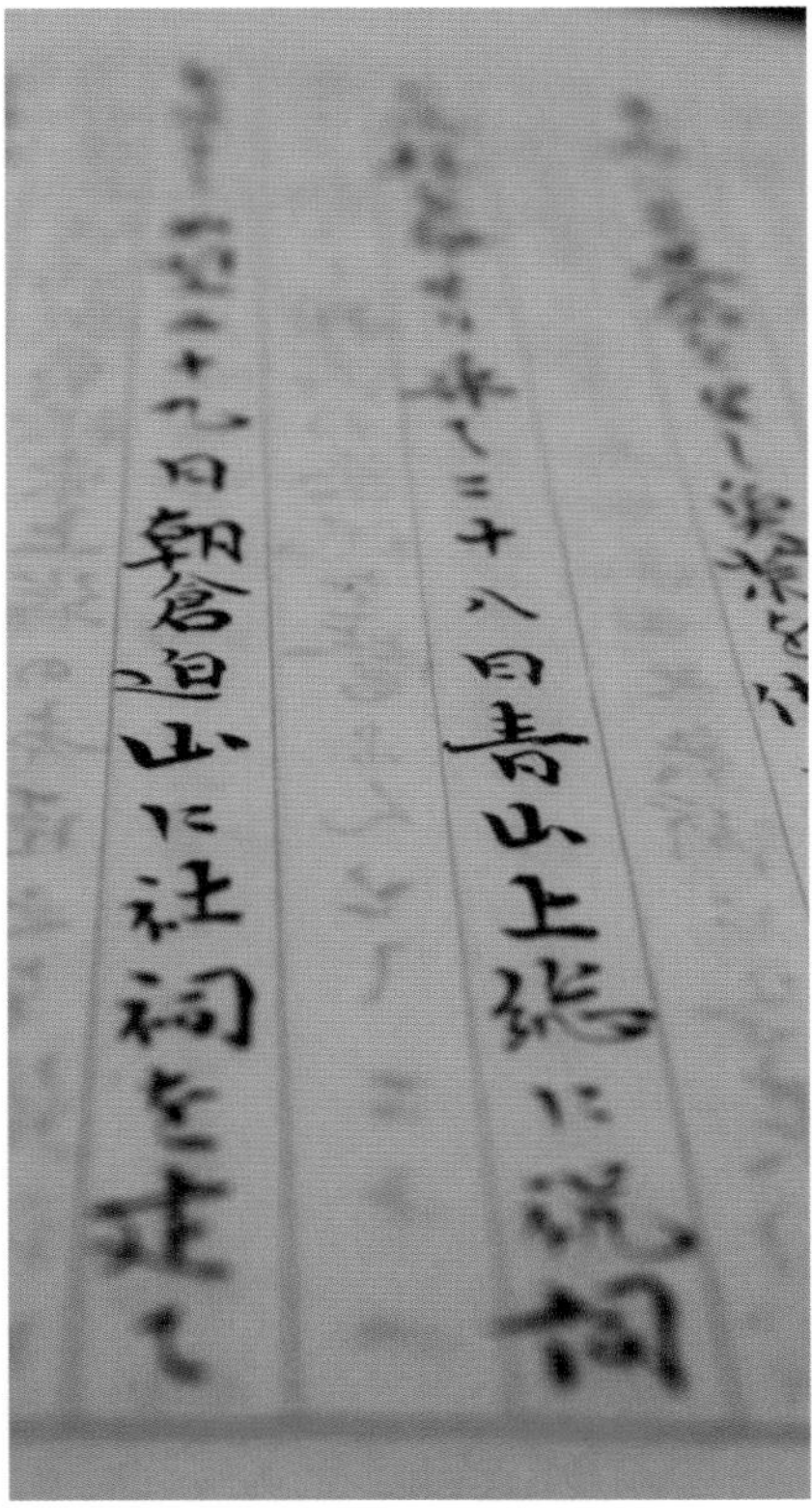

二十八日青山上総に祝詞
二十九日朝倉迫山に社祠を建て

㊤ 現在の赤妻神社（錦小路神社・平成26年3月）

㊦左 『忠正公伝』（一六編　四章一二節　三項「錦小路頼徳の卒去と赤妻埋葬」・山口県文書館蔵）に、元治元年5月28日に青山清（青山上総）が祝詞をあげ、赤妻神社が創建された経緯がある

㊦右 「錦小路官祀招魂社」時代の赤妻神社（山口県文書館蔵）

# ⑭ 福原越後を祀る《琴崎八幡宮・宇部護国神社》

青山清は山口での楠公祭や錦小路頼徳を神と祀る赤妻神社の創建を手掛け、吉田神道をデフォルメした「人を神と祀る」招魂祭を導いた。

そんな矢先の元治元（一八六四）年七月から八月にかけて、歴史の転換点となる禁門の変（蛤御門の変）が勃発する。長州藩家老の福原越後、益田親施、国司信濃たちが京都の御所に攻め込み、建設中の「八稜城」こと山口城に孝明天皇を連れ帰り（『新選組戦場日記』）、討幕の狼煙を上げる計画だった。だが失敗し、三家老は同年一一月に斬首される。粛清は「正義派」（改革派）の全般にまで及んだ。

これに抗するように、一二月に長府の功山寺で高杉晋作が奇兵隊を決起、内乱へとなだれ込む。改革を推進する奇兵隊を軸とした諸隊は、翌慶応元（一八六五）年一月に大田絵堂（現、美祢市）の戦いで守旧派「俗論党」を破り、尊王攘夷運動を加速させた。

高杉晋作が山口明倫館を諸隊の本拠としたのは一月一九日のことだ。

処刑された三家老のひとり、益田親施が領地の須佐村で高正大明神の神号を与えられのが二月八日で、八月には笠松神社（現、萩市須佐に鎮座）が建立される（『益田右衛門介親施』）。

つづいて萩では藩主・毛利敬親と世子・元徳が二月二二日から二四日まで仰徳神社（祖霊社）で臨時祭を行う。

祀られた「祖霊四公」とは、元治元（一八六四）年一月に青山清と世良孫槌（利貞）が山口明倫館編輯局で調整した天穂日命、大江音人、大江維時、大江匡房の毛利家四祖先であった。

それから三ヶ月を待たない五月一七日に、福原越後が宇部村（現、山口県宇部市）の琴崎八幡宮に青山清の手で合祀されるのである。

「慶応元年乙丑五月十六日　爰ニ初メテ神霊ヲ仮リニ琴崎神社エ勧請シ椿郷神社ノ祀官青山下総ヲ召集シ祭典ノ礼ヲ行フ　祭主ハ嗣子福原五郎也」（宇部市立図書館蔵『維新招魂社縁起』『維新招魂社年代沿革記』）

嗣子の福原芳山が祭主となり、家臣たちを集めての秘祭であった。ここに登場する「青山下総」とは、当時「青山上総（介）」を名乗っていた青山清の偽名である。『大八洲廼調』でも同じ偽名を用いていたので（八四頁）、非合法活動期の変名であろう。

清の同志であった佐甲但馬が、万倉（現、山口県宇部市万倉）で国司信濃を美登理大神として祀り、美登理神社を創建したのは六月一五日（『国司信濃親相伝』）。こうして三家老が神となり、討幕の狼煙が再び上がるのだ。

なお、福原越後の神霊が維新招魂社（現、宇部護国神社）に遷座したのは慶応三年（一八六七）一一月である。

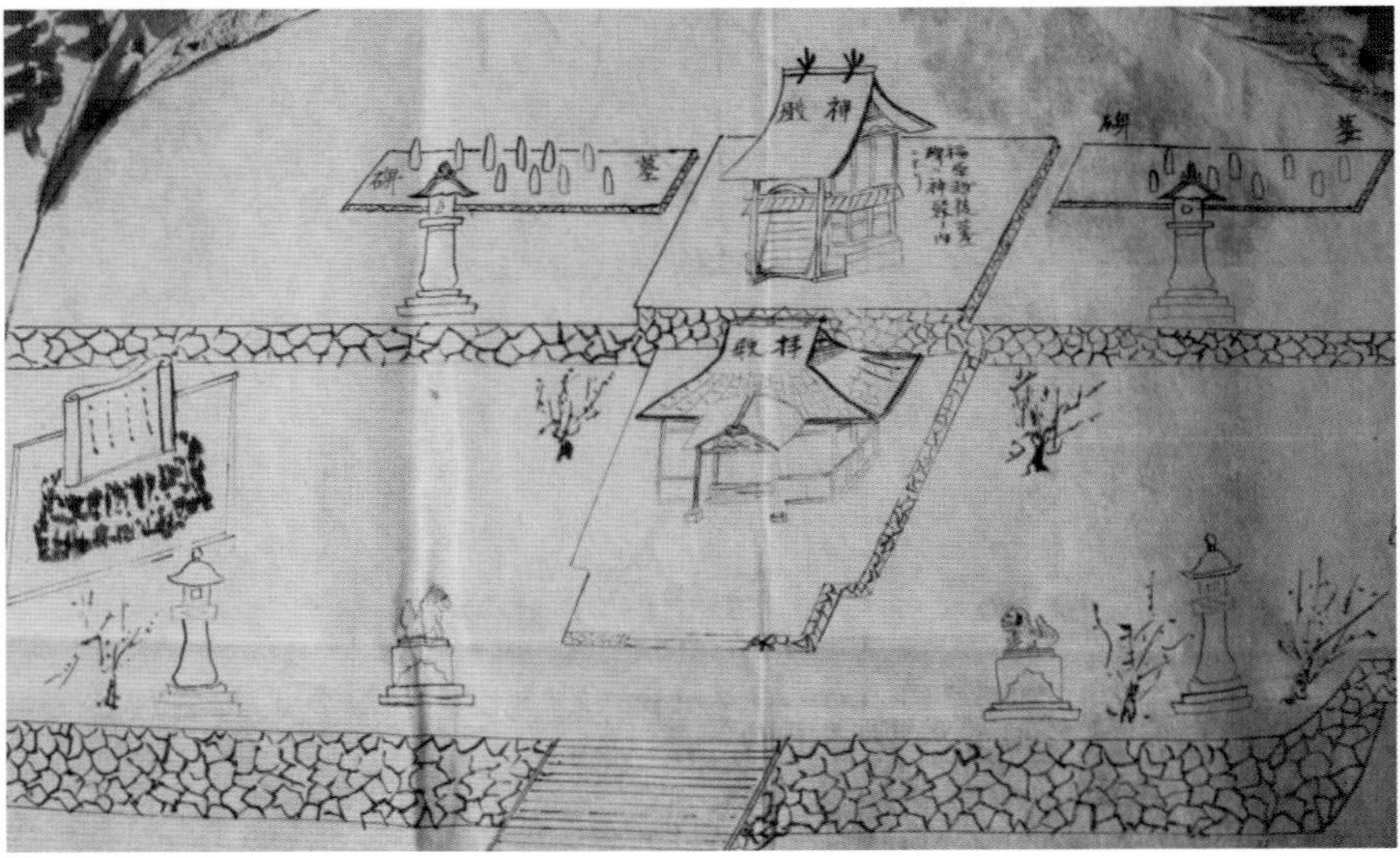


㊤ 青山清の手で福原越後が祀られた琴崎八幡宮（大正期絵葉書）

㊦ 福原越後の神霊は、慶応 3(1867)年 12 月に宇部村維新招魂社（現在の宇部護国神社）に遷座した。『官祭招魂社図面』（山口県文書館蔵）には「福原越後墓碑ハ社殿ノ内ニアリ」と記されている

# ⑮ 招魂社の創建

## 《朝日山招魂社・桜山招魂社》

山口市の秋穂二島の朝日山の頂上（標高七八メートル）で青山清が招魂祭を行い、朝日山招魂社の棟上式が行われたのが慶応元（一八六五）年六月二五日であった（『秋穂二島史』「第四章朝日神社（招魂社）」）。

今では秋穂八十八か所で知られる朝日山真照院の奥ノ院の、さらに奥の朝日山護国神社である。この社は、萩藩士の堀真五郎が文久三（一八六三）年一二月に山口の今八幡宮で結成した八幡隊が秋穂に駐屯した際に建設されていた。『護国の柱・朝日の宮』によれば、いきなり八幡隊士が乗り込んできて、慶応元年四月四日から工事を始めた。そこで土地の持ち主が注意すると抜刀して、「何をしようと汝達には関係ないことじゃ」と開き直り、八日には竣工したという。

朝日山招魂社の入り口に鎮座する「招魂場由来碑」の末尾に、「元治三年歳次丙寅春三月　堀真五郎菅原義彦　撰」と見えるので、堀が慶応二（一八六六）年三月に建碑したことがわかる。裏面に、創設に関わった八幡隊幹部の名が上段に一四名、下段に一三名刻まれている。

なるほど上段冒頭の八幡隊総督「堀真五郎　義彦」、「弘作之進　義忠」につづいて、青山清である「青山上総之助　清主」の名が確認できる。

長州藩が諸郡に招魂場の建設を命じたのは、これより二週間後の七月一〇日であった。

つづいて一ヶ月後の八月六日に、下関の桜山招魂社が清の招魂祭によって創建される。したがって、下関が公式な招魂場の第一号といってよい。

その後も清は竹崎の白石邸に滞在したが、八日の夜には高杉晋作が祭壇に備える菓子箱を持ってくる（『白石家文書』「白石正一郎日記」）。

このとき高杉が詠んだ歌が『さくら山の哥集』の、〈後れても後れてもまたきみに誓ひし言を吾忘れめや／はづかしと思ふ心のいや増して直会（なおらい）御酒も酔ひえざるなり〉である。

一方で招魂社の建設や奇兵隊の維持に大金を要したせいか、白石家は火の車だった。八月二三日には二〇〇〇円の金を作るため、白石邸を売りに出す斡旋を林半七に頼んでいる。

清は一〇月二〇日から二六日まで白石邸を再訪した。

二五日に、桜山招魂社に吉田松陰の神霊を合祀するためである。当日の参列者は清、白石、高杉晋作、山県有朋、伊藤博文、福田侠平の六名で、松陰の合祀が終わっての帰途、伊藤が皆にご馳走をふるまい、芸妓をあげてドンちゃん騒ぎをやらかしていた（前同「白石正一郎日記」）。

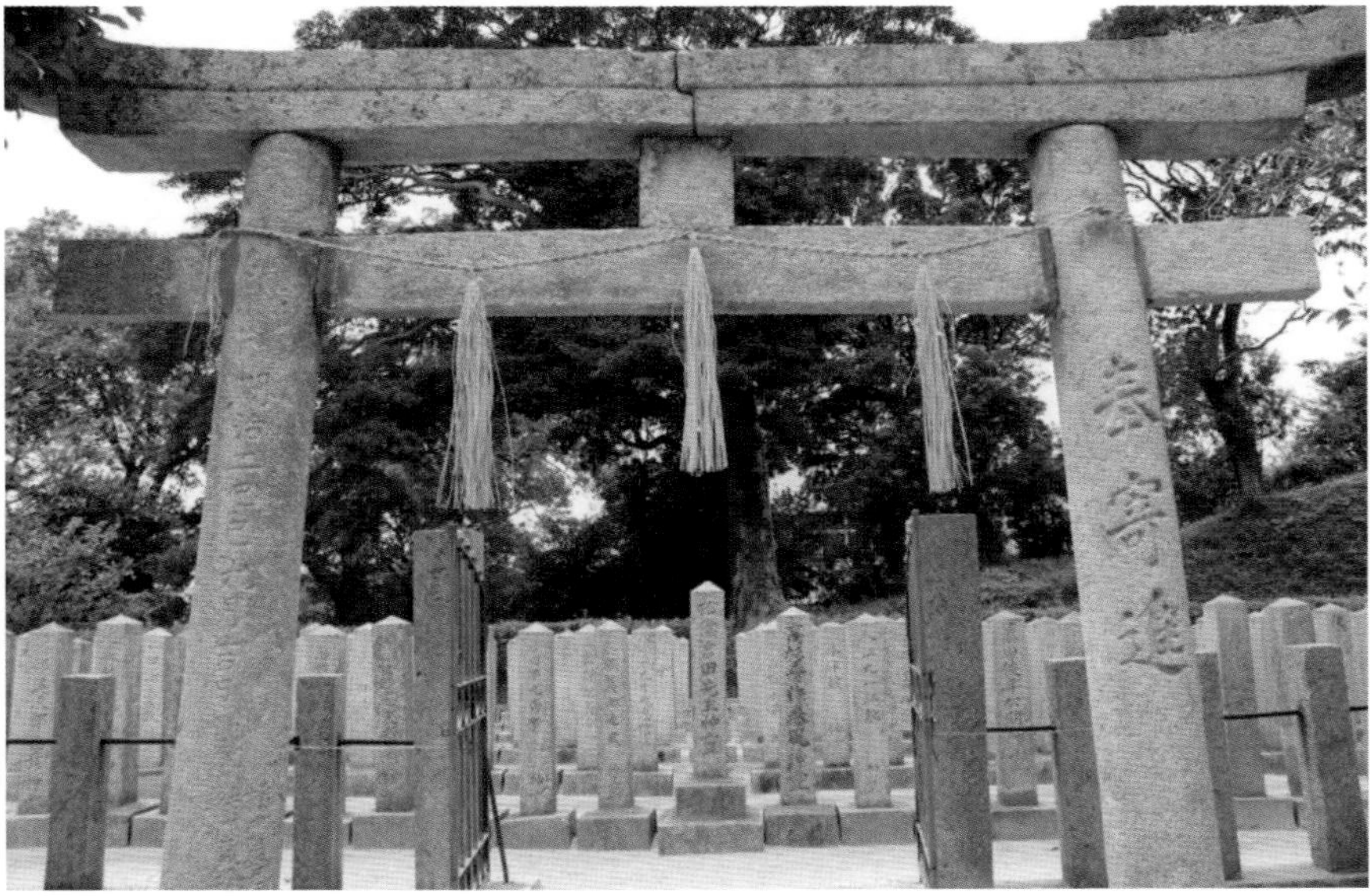


㊤　朝日山招魂社（現、朝日山護国神社）の境内。左から入江九一、久坂玄瑞、吉田稔麿の招魂碑が並ぶ（平成 26 年 8 月）

㊦　桜山招魂社（現、桜山神社）の境内。正面の一段高い台座に据えられているのが吉田松陰の招魂碑（平成 27 年 10 月）

# ⑯ 天皇陵の整備
## 《安徳天皇御陵・仲哀天皇御殯斂地》

青山清は幕末に二つの天皇陵の整備を手がけた。このときコンビを組んだのが洋学者の小野為八（藩医・山根文季の息子・七二頁）である。

慶応三（一八六七）年二月に、青山清が調査に入ったのが西市の安徳天皇御陵墓（山口県豊浦郡豊田町大字地吉）と阿弥陀寺の安徳天皇御陵墓（現、赤間神宮）であったのだ。

「青山上総　小野為八等来ル　西市ノ月山　赤馬関ノ阿弥陀寺等　皆ナ我カ管内ニ在レハナリ」（『毛利家乗十五』毛利家乗巻之四十三）

小野為八は天保一五（一八四四）年五月五日から吉田松陰の門下だった。堀真五郎の回顧録『傳家禄』によれば、元治元（一八六四）年正月に奇兵隊士に洋式兵器の地雷火の製造法を教授した筋金入りの洋学者である。

「白石正一郎日記」には、青山清が小野と竹崎の白石正一郎邸を訪ねたのが慶応三年三月五日と見える。

六日には白石家祖の作兵衛（純照院）の二〇〇年祭を終えた白石が、今度は清と小野の宿を訪ねている。

七日は白石の誕生日だったので神前に供えものをし、八日は昼過ぎから清が来て塩定（料亭カ）で酒盛りをしている。そして九日に引き上げ、一二日は大歳神社（下関市竹崎町）で正月祭りがあり、白石邸に再宿泊。片山貫一郎らと酒を酌み交わした。

一五日には、清が阿弥陀寺から「山稜」、すなわち安徳天皇陵墓の図面を整えて夜に白石邸に持参した。

つづいて清と小野は、長府の忌宮神社の南、日頼寺の森の仲哀天皇御殯斂地の整備を行う。『毛利家乗　十五』（毛利家乗巻之四十四）は、慶応四（一八六八）年二月二八日に、長府藩が仲哀天皇御殯斂地と安徳天皇御陵墓の修理を開始したと記している。

「是日藩内ニ在ル陵廟ヲ修理ス　仲哀帝ノ陵府中唐櫃山ニ在リ　安徳帝ノ廟　赤間関阿弥陀寺ニ在リ　並ヒニ之ヲ修繕ス　土木ニ関ル者　皆ナ斎スルコト七百古例ニ沿フナリ」

現在、日頼寺境内片隅の森の奥に伸びる石段を登ると、円形の小山に小石が敷き詰められた仲哀天皇御殯斂地（仮墓所）が現れる。しかし『陵墓地形図集成』には、墓所に六角形の囲いが描かれている。

安徳天皇御陵墓は円墳だが、「裾を八角形に石囲い」〔※1〕していた（『陵墓地形図集成』の昭和三年の測量図）。

仲哀天皇御殯斂地も清と小野が整備したが、古代天皇陵の意匠である六角形や八角形を、墓所に復活させていた様子が見えてくる。

〔※1〕『山口県百科事典』四三頁。『赤間神宮　―下関・源平史跡と文化財』四四頁。

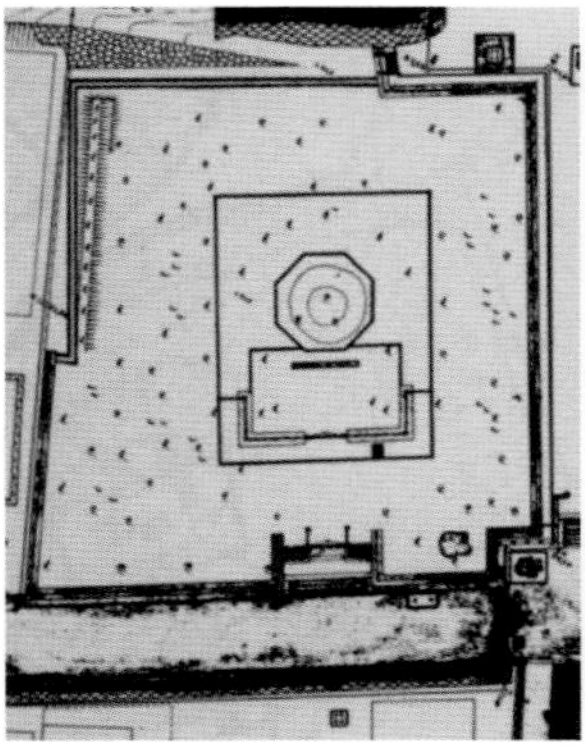

㊤　現在の安徳天皇阿弥陀寺陵。内部は撮影不可だが、円墳の「裾を八角形に石囲い」していることが解っている
（赤間神宮・令和４年５月）

㊦左　「安徳天皇阿弥陀寺陵之圖」に描かれた八角形の囲い（『陵墓地形図集成』）
㊦右　仲哀天皇殯斂地の円墳部（長府日頼寺境内・平成 21 年４月）

萩市文化財保護課の柏本秋生氏

令和3(2021)年10月の説明会・萩市提供）

上は萩市役所文化財保護課主宰の中央歴史講座の青山大宮司家墓所（塩見家敷地内移転後）の史跡探訪の様子。同墓所を調査している同課の柏本秋生氏（総括専門職・写真）によれば、八角形の墓石は幕末に造られた可能性が高く、側面に刻まれている最後の宮司が八代目の「長宗神霊」（青山長宗）であることから、青山清（上総介）が造ったものではないかという。慶応三（一八六七）年から同四年にかけて青山清が安徳天皇陵墓など天皇陵の整備をしたこととの関連を考えると墓所の「八角形」から、ひとつの意味が浮かび上がる。

## ⑰ 青山大宮司家墓地「大夫塚」

移転前の青山大宮司家墓所「大夫塚」。椿八幡宮に向かって左手から小路に入り、墓守の塩見家を越えた山の入口斜面に並んでいた。二基の八角形墓が石の台座上に鎮座する。明治六（一八七三）年一二月二日に「享年廿三歳」で没した青山大宮司家一〇代・青山春木の墓は、招魂碑の形で鎮座していた（平成一九年七月）

# ⑱ 八角形の思想

## 《保科正之と津軽信政の八角形墓》

二基の八角形墓の各側面に刻まれた五名の宮司名は以下である（〇の数字は青山大宮司家の代数）。

〈一基目〉
③青山宗久（冨春霊神）／⑥青山直賢（鎮居霊神）／⑧青山長宗（長宗霊神）

〈二基目〉（写真は四九頁、五三頁）
④青山宗直（遺迹霊神）／⑦青山雄忠（重場霊神）

いずれの八角形墓にも、製造者と思われる青山清の名前がないのは、二基目の側面に空白があり、そこに没後に自身の名を刻むことを考えていたのではないかと萩市文化財保護課の柏本秋生氏は推測する（靖国神社の初代宮司になった青山清の墓は、一般的な墓として、東京青山霊園に建立）。

もう一つの謎は、八角形という他に例を見ない特異な形である（ただし青山大宮司家分流の高田宮司家〔鶴江神明宮〕には八角形墓が確認されている）。

この謎を解くヒントが、青山大宮司家が安芸国の時代から熱心に信奉していた京都の吉田神道と思われる。

平田篤胤は、「吉田家ノ神道行事ハ、モト真言ヲマナンデ始タルヿユエ、其壇モ四角ナルベキニ、八角ニ作テ秘事トイタシ、神道ハ八ノ数ヲ用フルナドイヒ……」（『新修　平田篤胤全集　第8巻　神道三・道教一』）と、八角形の特殊性を語る。それは、唯一神道に象徴される吉田神道を確立した吉田兼倶の八角形をモチーフとする大元宮（第二章　④）の具現化であった。

実際、人である豊臣秀吉を「豊国大明神」として祀り、豊国神社（京都を成立させたのが吉田神道だった。これは八角形の思想が、人を神として祀る思想と重複していたことを示す。

実は、吉田神道は吉川惟足によりデフォルメされ、会津藩初代藩主の保科正之の神社形式の墓所「土津神社」（福島県耶麻郡猪苗代町）の八角形の鎮石や、第四代弘前藩主の津軽信政を祀る高照神社近くの八角形の墓石に投影されていく。

ライバル心を燃やした徳川家康は、吉田神道により生まれた豊臣秀吉の「豊国大明神」の破壊を命じ、自らの墓は、最終的に天台宗系の山王一実神道による墓所とした。だが、どうしたことか、これもまた吉田神道的な八角形の基壇を持つデザイン（日光東照宮　奥社御宝塔）となっている。

「八」の数字は、神武天皇の「八紘一宇」で知られるように、天地四方八方の果てまで包括する世界の象徴であった。人を神として祀る八角形の思想は、世界を一つの家として護る玉座の具現でもあったのだろう。

左㊤ 保科正之の八角形の墓石「土津神墳鎮石」（会津武家屋敷・高橋健助氏提供）

左㊦ 津軽藩4代藩主・津軽信政の八角形墓（弘前市教育委員会提供）

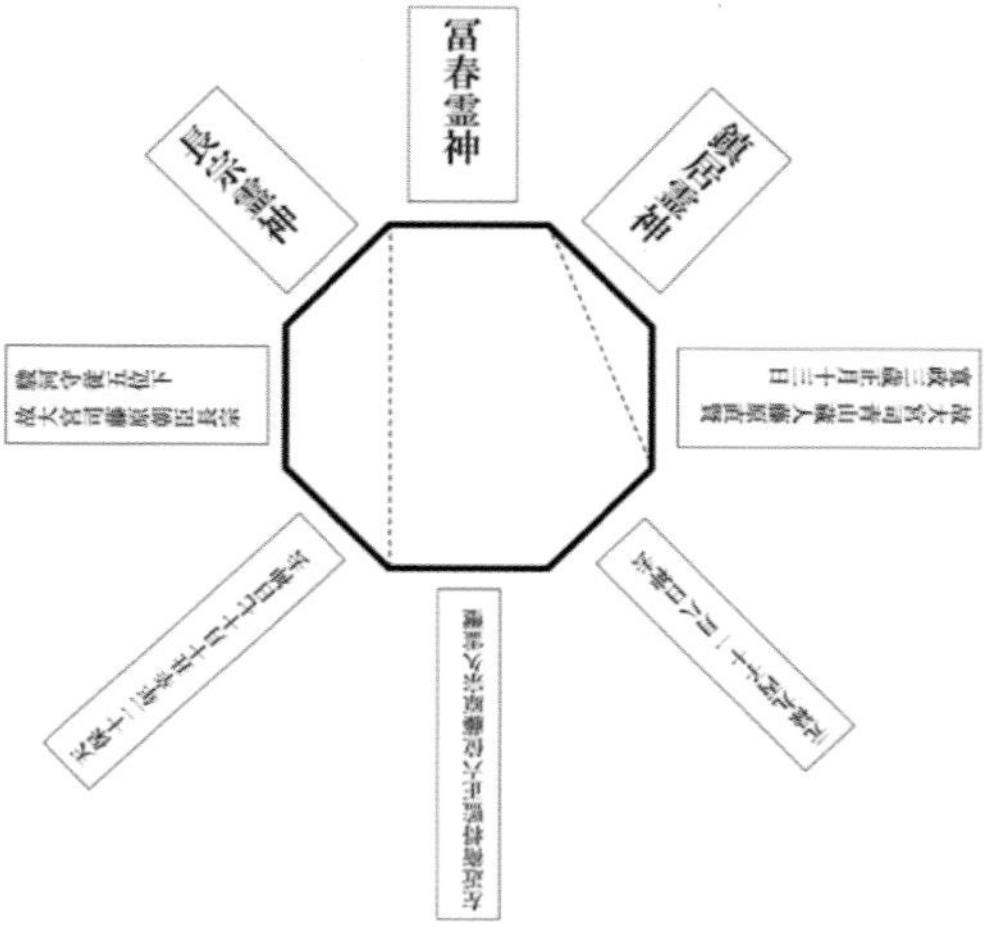


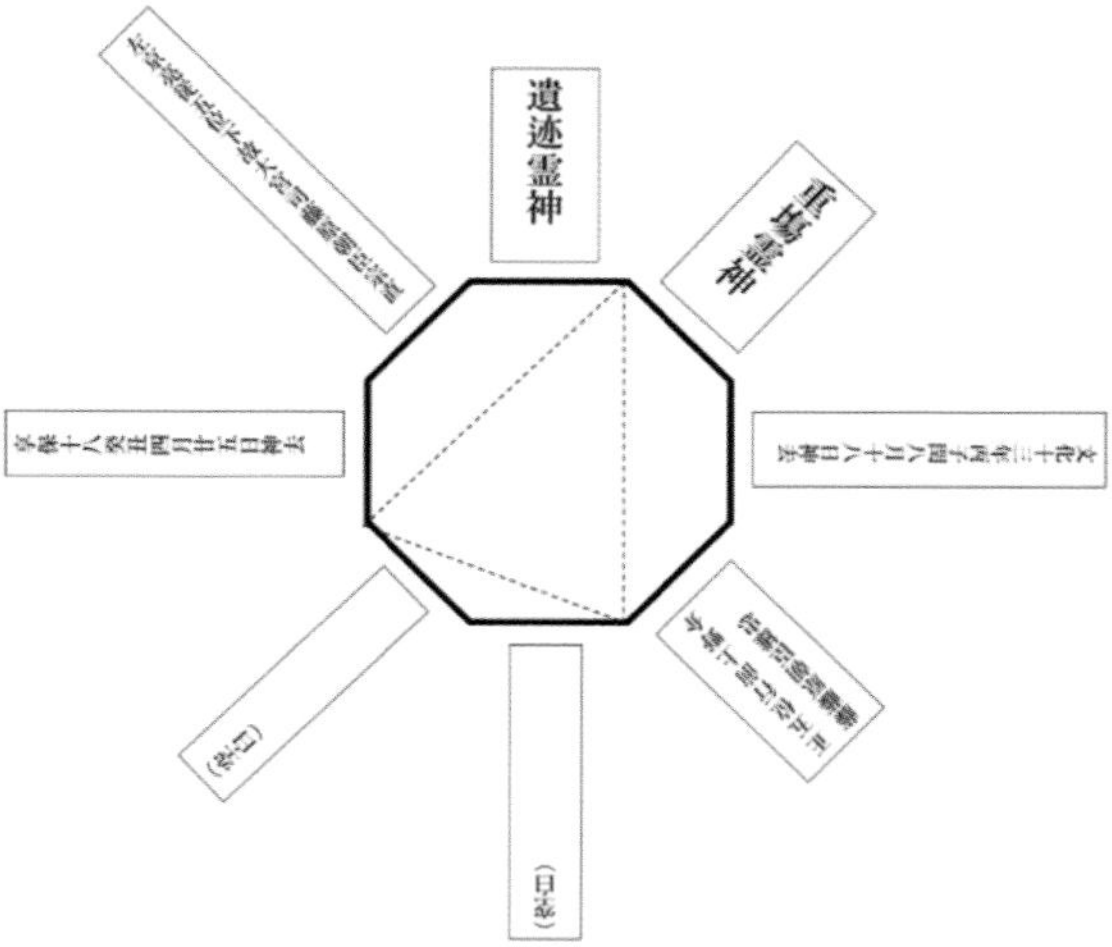


右㊤ 青山家墓地八角墓展開図（その1）

冨春霊神を主とし、鎮居霊神、長宗霊神を左右に配している。その結果、冨春霊神のみ、隣り合った面ではなく、背面に記述が及んでいる。長宗霊神は 3 面、鎮居霊神は2面を有する。鎮居霊神のみ位階の記述がない。

右㊦ 青山家墓地八角墓展開図（その2）

遺迹霊神と重場霊神が並立し、各 3 面を有する。2 面は空白である。

※ 以上2点の展開図面の作成と解説は柏本秋生氏による。

## ⑲「錦の御旗」の密造

山口県庁（旧山口城跡）の東側、一の坂川畔に平成三一（二〇一九）年一一月、錦の御旗製造所跡が整備され、「ポケットパーク」が開園した。

そこは幕末に錦旗が密造され、青山清が祝詞を上げて本物に仕立てた藩の養蚕所のあった場所である。

明治三八（一九〇五）年三月七日の『防長新聞』には、当時を知る柴垣弥壮の証言「毛利藩にて作られたる錦の御旗」が掲載されている。

それによると発端は四境戦争（第二次長州征討）後に薩摩藩の黒田清隆が長州入りし、長州との密約が交わされたときにあった。このため討幕用の官軍旗が必要となるが、朝廷に錦旗が無く、長州で造ることになった。

品川弥二郎が京都から三〇〇両の錦の生地を取り寄せて秘密裏に製作したのを知っていたのは広沢真臣、木戸孝允、井上馨、柏村数馬、世良修蔵、太田市之進たち数人。元の養蚕所を諸隊会議所として預かっていた柴垣の弥壮父・弥兵衛のところに、世良が密造を申し出たところ、人の出入りのない水の上の養蚕所を使うことになったのである。

時は「慶応三年の秋」で、萩の細工人・岡吉春が入ると四方を竹垣で囲み、一ヶ月で完成した。

錦旗は長さが一丈五尺（約四・五メートル）、錦を三枚張り合わせたので幅は四尺五寸（約一・三五メートル）くらいあったらしい。長州と薩摩の各二旒を別々の箱に入れて祝詞を上げ、本物に仕立てた様子を柴垣が語る。

「是れが青山上総といふ人で後に靖国神社の宮司をして居た人、それに祓ひをさした。誰も中に何が這入つて居るか知らなかつた」

品川は錦旗以外にも「菊花章」や「紅白旗」など一〇旒を調整させていた（『錦旗を繞りて』）。

一二月九日に王政復古の大号令が出されて新政府が樹立される。慶応四年（明治元年）の年明けには、京都で鳥羽・伏見の戦いがはじまり、長薩は新調の「錦の御旗」を押し立てて徳川幕府の掲げた「日の丸」と戦うのだ。

現在では東京国立博物館、仙台市博物館、高知城歴史博物館、福島県伊達市の霊山神社などで官軍側の錦旗が保管され、佐賀県武雄市では菊花章が所蔵されている。一方で、長州藩で密造された「錦旛図」（大庭学僊の作画）は山口県立博物館にある。

薩摩藩に渡った錦旗は、宮崎県総合博物館の長さ三五四・五センチ、幅六五センチのものではあるまいか。薩摩藩支藩の佐土原藩主・島津忠寛が戊辰戦争時に天皇から下賜されたと伝わる錦旗だ（『日向国の明治維新—戊辰戦争から西南戦争まで—』）。

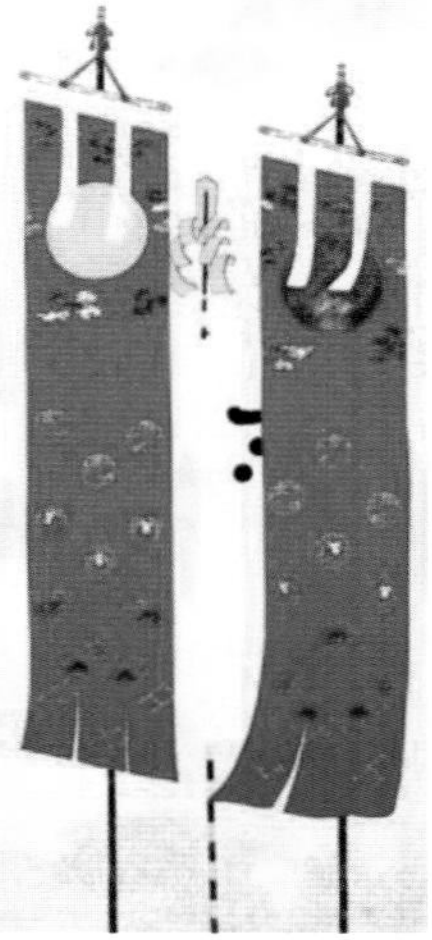

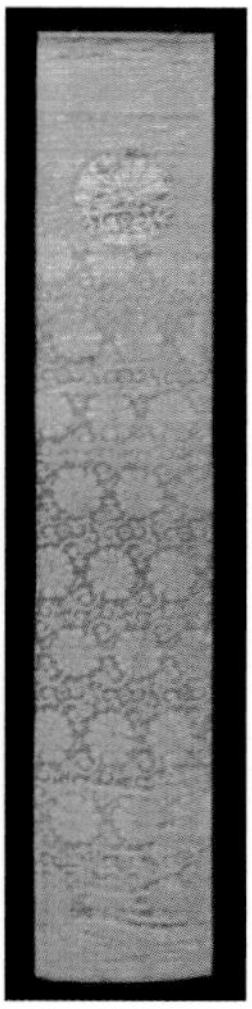

㊤　山口市の「錦の御旗製造所跡」（平成 31 年 11 月）

㊦左　大庭学僊が描いた「錦の御旗」（山口県立博物館蔵）
㊦中　佐土原藩主に下賜された錦の御旗（宮崎県総合博物館蔵）
㊦右　幕府軍「徳川兵」は「日の丸」を掲げて「錦の御旗」と戦っていた
（明治 40 年に保勲會が発行した『錦之御旗』・山口県立図書館蔵）

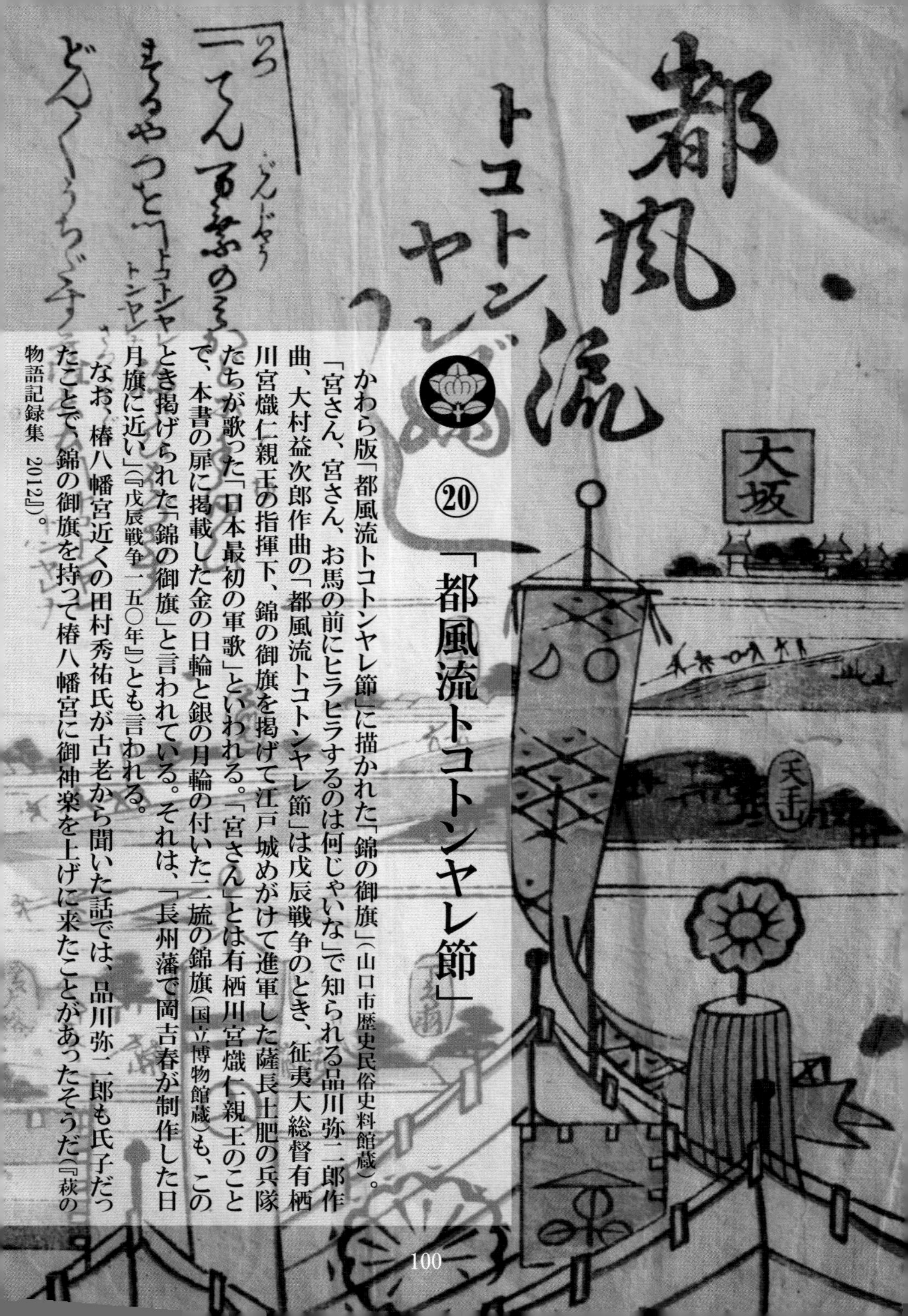


## ⑳「都風流トコトンヤレ節」

かわら版「都風流トコトンヤレ節」に描かれた「錦の御旗」(山口市歴史民俗史料館蔵)。

「宮さん、宮さん、お馬の前にヒラヒラするのは何じゃいな」で知られる品川弥二郎作曲、大村益次郎作曲の「都風流トコトンヤレ節」は戊辰戦争のとき、征夷大総督有栖川宮熾仁親王の指揮下、錦の御旗を掲げて江戸城めがけて進軍した薩長土肥の兵隊たちが歌った「日本最初の軍歌」といわれる。「宮さん」とは有栖川宮熾仁親王のことで、本書の扉に掲載した金の日輪と銀の月輪の付いた二旒の錦旗(国立博物館蔵)も、この時掲げられた「錦の御旗」と言われている。それは、「長州藩で岡吉春が制作した日月旗に近い」(『戊辰戦争一五〇年』)とも言われる。

なお、椿八幡宮近くの田村秀祐氏が古老から聞いた話では、品川弥二郎も氏子だったことで、錦の御旗を持って椿八幡宮に御神楽を上げに来たことがあったそうだ(『萩の物語記録集 2012』)。

# 第四章　明治以後

青山清は、廃藩置県時に上京。東京招魂社の祭事係（事実上の宮司）となり、明治 12 年 6 月に靖国神社に改称されると初代宮司となった。本章では、第 10 代宮司を継いだ息子の青山春木が明治 6 年 12 月 2 日に他界する前後からの椿八幡宮とその周辺を鳥瞰する。この絵図は、『明治二十八年　古社寺取調書　阿武郡』に描かれている椿八幡宮（山口県文書館蔵）

# ① 氏子札と社殿焼失

明治三（一八七〇）年の記録をもとに作成された『旧山口藩神社明細帳』に、椿八幡宮の「社人」の冒頭に、「従五位下〔役士族〕青山武主　通称春木　藤原元親十世ノ孫」が登場する。

青山春木（武主）は青山清の息子で、維新後の仕事は、仏教寺院の檀家制度に代わる戸籍掌握であった。

明治五（一八七二）年正月付の椿八幡宮の氏子札の表に「長門国　椿八幡神社氏子　津田鉄之進」、両脇に「生国長門　父安太郎長男」、「安政四巳年　閏五月廿五日生」と墨書されているのが、その氏子の身分証明書である。裏面には、発行者の「社人青山武主」の墨書が確認できる。

とはいえ、新時代は椿八幡宮にも過酷な運命を強いる。明治五年九月二七日には大宮司家の世襲を廃止する通達が出されている〔※1〕。廃藩置県時に東京招魂社に奉職した青山清が五九歳となる明治六（一八七三）年は、四月に椿八幡宮が県社に指定され、九月に「府県社神官之月給ヲ廃シ」する通達が出された〔※2〕。

明治六年は一月に太陽暦となり、二月にキリスト教が解禁。三月に神武天皇御即位の日が「紀元節」と制定され、外国人との結婚が許され、天皇も断髪して西欧化した。萩では一〇月に萩城の払い下げの指令書が届き、一二月に解体が終わり、時を同じくして青山春木も若くして亡くなるのである。

現在、椿八幡宮の社頭には「明治八年十月」と刻まれた「縣社」の石碑が鎮座し、側面に「祠官　吉屋清躬」「社掌　吉屋種萬」と刻まれている。

延宝八（一六八〇）年に島流しになった井上治部の後釜として宮崎八幡宮の大宮司になった吉屋家（四〇頁）の子孫が、維新後の椿八幡宮の宮司となっていたのだ。

災難は続き、明治九（一八七六）年一〇月の熊本の神風連の変を皮切りに士族の叛乱が連鎖。萩でも前原一誠の萩の変で、椿八幡宮は、周辺の民家と共に焼失した。

このとき筒袖短袴、白鉢巻に草鞋ばきの一三歳の田中義一が前原党に参加し、椿八幡宮付近で戦ったと『田中義一伝　上巻』は記している。

現在の社殿は、萩の変後に再建されたものだ。「九州大学大学院人間環境学研究院　都市・建築部門　建築・都市史研究室」の調査〔※3〕により、明治九年の棟札が見つかっている。

〔※1〕『山口県史　史料編　近代1』八二〇頁。
〔※2〕前同、八三四－八三五頁。
〔※3〕山口県立図書館及び宇部市立図書館所蔵『椿八幡宮　調査報告書（未定稿）』参照。

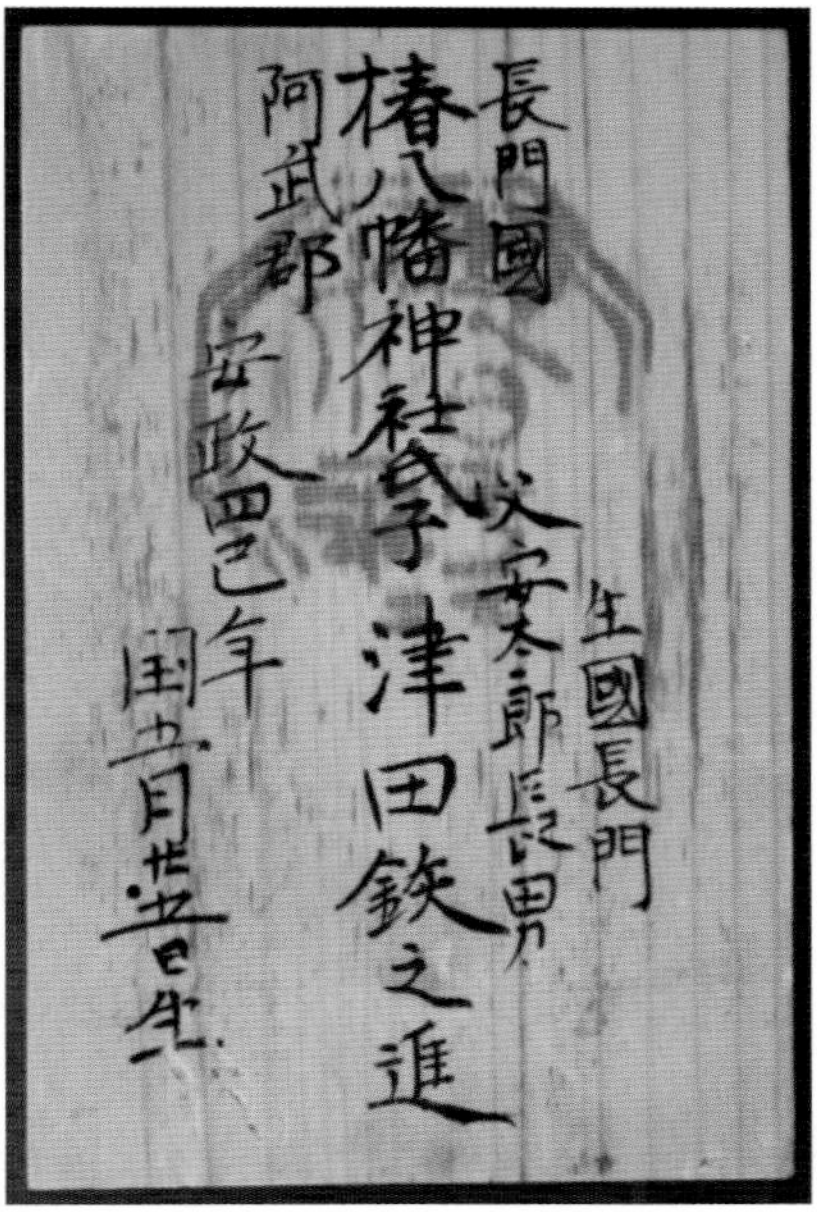


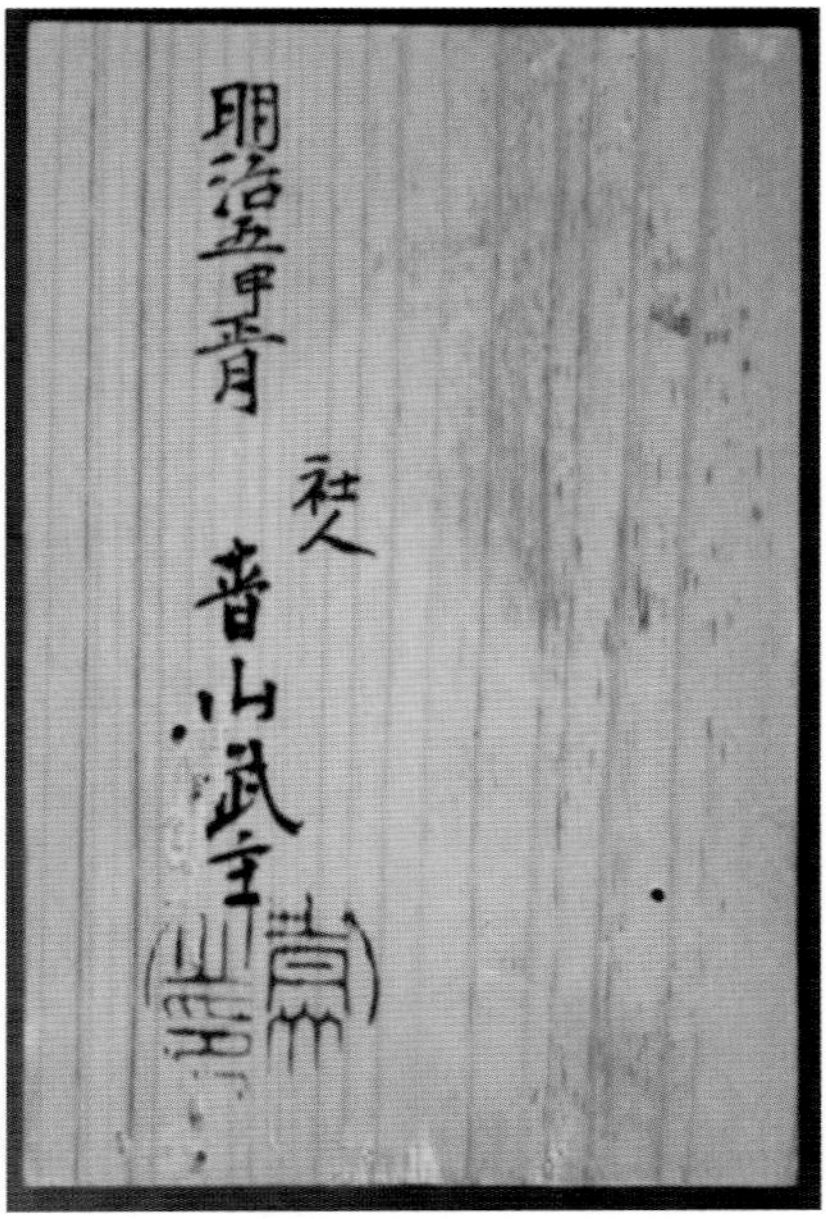

㊤左　青山春木（武主）が大宮司時代に発行された氏子札（明治５年１月・山口県文書館蔵）

㊤右　同上の裏。「青山武主」は青山春木のこと（山口県文書館蔵）

㊦　椿八幡宮社頭の「縣社」碑に刻まれた「祠官　吉屋清躬」の名前（令和５年３月）

萩の変から一年が過ぎた明治一〇（一八七七）年一一月一〇日付の『読売新聞』は、「士族ハ多く魚を取ッて活計を立て税のことについて不平をいふものが多く……」と、相変わらずの混乱ぶりを伝えていた。

翌明治一一（一八七八）年七月一四日付の同紙は、「士族ハ多く釣をして居り学校へ通う子供ハ至ッて少なく貧乏人は段々殖ゑ」、と更なる衰退ぶりを報じた。一方で、弘法寺（土原）の前原一誠の墓は参詣人が多く、ずいぶんと人気があったようだ。

明治一二（一八七九）年には中村正路が養蚕を事業化するための保全社を立ち上げたり、旧士族たちが阿武川で魚の養殖を行う士族授産事業として、明治一四（一八八一）年頃に殖鱗社が創られた（『萩の百年』）。しかしほとんどが基幹産業になるほどには発展しなかった。

明治二〇（一八八七）年一二月一三日付の『読売新聞』は、「萩の惨状」と題し、明治維新期に人口の三分の一が山口に移り、萩城下の人々は仕事もなく、「実に目の当られぬ」と語る。

吉田祥朔（明治一〇年生まれ）は『近世防長人名辞典』で、「青山上総は名は長清、上総を通称とす、その祖大宮司青山元親天正中に来りて奉仕せしよりその家代々萩城下の総鎮守椿八幡宮の宮司たり」と古を偲びつつも、「（明治）六年一家他国に退転してその後の事知られず」と突き放していた。椿八幡宮大宮司家としての青山家が、事実上、潰れたからであろう。

余談ながら、私の曾祖母・野村ヒサ（明治一五年生まれ、一二八頁）は、靖国神社初代宮司になった青山清の娘・ツルと萩藩士の岩崎信一との間に生まれた娘である。しかしヒサは椿八幡宮に関わらず、京都の男山八幡宮（石清水八幡宮）の戦い（戊辰戦争）に参戦後にプロテスタントに改宗した徳山の野村家に嫁した。その野村家が日本基督宇部傳道教會（現、宇部緑橋教会）の創立を牽引したことで、ヒサも一生をプロテスタントとして過ごしたのである。

維新後の椿八幡宮は青山大宮司家に代わり、既述のように吉屋清躬が宮司を務めた。その後、赤（美東町）から宮原牧太を迎え入れて、社家を継いだと伝わる。

なるほど明治二五（一八九二）年四月に建立された人丸神社（萩市椿東中の倉）の石碑には、「椿八幡宮祠官宮原牧太」と見える〔※1〕。

この人が、現在の宮原宮司家の初代となり、昭和二（一九二七）年四月に八三歳で没している〔※2〕。

〔※1〕『萩碑文鐘銘集』八〇頁。
〔※2〕『萩の歌人』六四頁。

現在の椿八幡宮の社殿は、「萩の変」で焼失後に再建されたもの
（令和５年３月）

# ③ 靖国神社の誕生

藩政期まで青山上総介（椿八幡宮第九代宮司）を名乗っていた青山清は、廃藩置県一ヶ月後の明治四（一八七一）年八月に東京九段の招魂社の祭事係となった。

その後、明治一二（一八七九）年六月に同社が別格官幣社に加えられ、靖国神社と改称されると、初代宮司に就任した。

明治一三年に竣工したロマネスク様式の遊就館、同一五年に浮上した大村益次郎銅像建立計画（明治二六年に竣工）、同二〇年に竣工した青銅製の大鳥居などの全てに宮司として関わった。

青山清は、明治二四（一八九一）年二月、奉職中に七五歳で死去した。

靖国神社の初代宮司になった
青山清（宮内庁三の丸尚蔵館蔵）

椿八幡宮の拝殿には、数枚の絵馬が掲げられている。例えば拝殿に入ってすぐの背後の壁には、明治期に奉納された「雁行乱知状兵図」がある。

つづいて向かって左側に、奉納年不明の曽我物語の一場面を描いた扁額（奉納者は鶴江の吉村米蔵・吉村勘治郎・西村治郎衛門）がある。その前方には、明治三六（一九〇三）年二月に、鶴江浦の木村鶴松が奉納した富士山を背景とした同じく「曽我物語図」がある。

さらに向かって右側の壁には、なぜか春日神社を上空から地図状に描いた「春日社図」の扁額が掛かる。これは明治二一（一八八八）年一〇月に鶴江浦の佐伯伊勢松が奉納している。

これらは『未指定文化財調査報告書4　山口県の絵馬』にも紹介されているが、しかしもう一つ、同書に載ってない意気揚々な鮮やかな戦争画が、その隣に掲げられているのだ。

海戦画家・東城鉦太郎〔※1〕の描いた旗艦三笠をはじめとする連合艦隊がバルチック艦隊と対馬沖で一戦を交える戦争画である。奉納されているのは、それを模写した油絵で、中央に大きく見えるのが、原画と同じ東郷平八郎の乗った旗艦・三笠である。そして背後には敷島、富士、朝日、春日、日進が続く（『われらの海軍』）。

模写絵の上部に「戦役　日本海大海戦　紀念」と青いリボンに白字で記され、下に小さく「明治三十八年五月二十七日午后二時」と、やはり白字で書いてある。それは日本帝国海軍の砲撃開始の時刻であった。

〽海路一万五千余浬……ではじまる『日本海海戦』（大和田建樹作詞・瀬戸口藤吉作曲）の三番歌詞に、〽早くも根拠地後にして、……頃しも午後の一時半……」とある。その三〇分後に砲撃が開始されたわけだ。そして翌明治三九年五月二七日に、この日が海軍記念日に制定される。

扁額の右下に「YAMATO 1907」と白字が添えられているので、「ヤマト」なる人が一九〇七年、すなわち明治四〇年に東城の原画を模写したのであろう。奉納者は「椿郷西分村字濁渕　永留傳造」。奉納された日は、「明治四十一年一月吉日」である。

現在は、神社近くの濁渕に「永留」姓の家はない。しかし明治三九年四月一日付の叙任及び辞令で「二等機関兵曹　勲八等　永留傳造」（「官報第六千八百八十一號付録・明治三十九年六月八日」）と確認できる。海軍の機関兵として活躍した郷土人が、産土神社に奉納した可能性が高い。


〔※1〕慶応元年三月、東京小石川で生まれる。五姓田芳柳、川村清雄に学ぶ。日清戦争に従軍、日露戦争では海軍に従事した（『明治・大正・昭和　物故作家油絵名作展画集』）。

㊤ 明治 36 年 2 月に鶴江浦の木村鶴松が奉納した「曽我物語図」
（椿八幡宮拝殿内）

㊦ 明治 41 年 1 月に西分村字濁渕の永留傳造が奉納した「戦役　日本海大海戦　紀念」の模写画（椿八幡宮拝殿内）

# ⑤ 大正期の遺跡
## 《「都波岐神苑」と「屋根葺替記念碑」》

椿八幡宮の本殿に向かって右手に「都波岐神苑」と刻まれた石碑が鎮座する（翻刻文は一二一頁）。この石碑は椿村青年会（平野斌会長）が造営したもので、大正三（一九一四）年九月二六日に落成していた。このとき椿八幡宮では落成奉告祭が斎行され、境内では花相撲が開かれていた（大正三年九月二九日付『馬関毎日新聞』）。

欧州では六月にオーストリア皇太子が暗殺され、第一次大戦が勃発。八月に日本も参戦したばかりである。

椿八幡宮近くの青海に住む有田義雄さん（昭和四年生まれ）は、父の繁雄さん（明治三二年生まれ）が青年会のメンバーで、「都波岐神苑」の造営作業に参加したと教えてくれた。

「昔はお祭りの後で、皆、この都波岐神苑で酒を飲んで宴会をしたものですよ」

椿村青年会は同年、大屋に吉田松陰ゆかりの「涙松の碑」を建立するが、「都波岐神苑」のほうは、それとは別に翌大正四年一一月の大正天皇のご即位を祝した御大典記念の造営だった〔※1〕。

実際の御大典記念では、一一月一〇日に明倫小学校の児童が国旗行列をするなど、萩で華やかに行われた。椿八幡宮でも一五日に大嘗祭を斎行し、ご即位を祝賀している（大正四年一一月一二日付『国華新聞』）。

大正期は近代化が進んだ時期である。山陽線厚狭駅から分岐した美祢線が於福まで延長されたのが大正一〇年一〇月だった。大正一三（一九二四）年三月には於福—正明市（現、長門市駅）が開通し、正明市—長門三隅の工事が一一月に終わる（『萩乃百年』）。

第三章の「近藤芳樹との交友」（六〇頁）で見たように、この時期、椿八幡宮の北東に位置する萩駅の設置が決まり、大正一三年六月の時点で文政四年の鳥居の移動が、山口県と宮原道廣宮司との間で決定されていた（山口県文書館蔵『大正十三年　県社以下神社』の「神社鳥居移転ニ関スル件」）。

いま、萩農林事務所畜産部の門前に建つ鳥居が、それである。これは近くで保管された後に、昭和八（一九三三）年九月に「帝国軍人會萩市椿分會」の手で再建されていた（傍に建つ石碑の翻刻文は一二〇頁）。

萩駅では大正一四（一九二五）年四月に開通の祝賀行事が行われ、それから僅か一年余り後の大正一五年一二月に大正天皇が崩御した。

拝殿前の「縣社椿八幡宮御屋根葺替記念碑」は、天皇崩御半年前の同年六月に、社殿の屋根工事が竣工したことを示すものである。

〔※1〕『萩市史　第二巻』二九一頁。

㊤左　大正 3 年 9 月に落成した「都波岐神苑」石碑（令和 5 年 3 月）
㊤右　大正 15 年 6 月建立の「縣社椿八幡宮御屋根葺替記念碑」
（同年 5 月）

㊦　建設途中の萩駅舎〔大正 13 年〕（『萩見聞　萩市制施行 70 周年記念誌』）

# ⑥ 紀元二六〇〇年

萩警察署庁舎の模様替工事が終わり、楼上で竣工式が開催されたのが昭和四(一九二九)年八月二七日である。椿八幡宮の宮原宮司(宮原道廣カ)が降神式祝詞を上げた後、宗像佐熊署長の挨拶などが続いた(昭和四年九月一〇日付『日本警察新聞』)。

それから二ヶ月が過ぎた一〇月にニューヨークの株式市場で株価が暴落、世界恐慌に突入する。日本では昭和六年九月に関東軍が蹶起し、満洲事変が勃発。翌昭和七年三月に満洲国が建国される頃には景気は好転する。

椿八幡宮境内の神楽堂(二二頁)は、昭和一〇(一九三五)年に建てられていた。神社近くの田村秀祐さん(昭和八年生まれ)のお宅には、工事中の写真が残されている。

一方で、昭和一五(一九四〇)年には紀元二六〇〇年事業が控えていた。このため昭和一一年七月に、神武天皇が即位した橿原神宮の境内整備計や「思想総動員計画」が表面化した(昭和一一年七月二五日付『読売新聞』)。

秩父宮雍仁親王(総裁)、林銑十郎(副総裁)、公爵・徳川家達(会長)、男爵・阪谷芳郎、伯爵・松平頼寿、男爵・郷誠之助(以上、副会長)らの、旧幕臣系を柱に「紀元二千六百年奉祝会」が発足したのは昭和一二年五月である(昭和一二年五月一二日付前同)。

山口県では昭和一四年度から一〇年計画で四二〇社の神社林の造成や、下関市での納骨室を備えた忠霊塔の建設(下関市後田町の戦場ケ原公園内に現存)などが企画された。

萩では『吉田松陰全集』から重要部分を抜粋した八〇頁ほどの小冊子が萩中学校で作成されている。

こうしたなか、椿八幡宮では帝国在郷軍人会の椿分会(五五頁)が「二千六百年拾五年式年記念」の玉垣を建造したり、石燈籠などを奉納したのである(『紀元二千六百年祝典記録第十冊』)。

加えて山口県全体では、昭和一五年二月一一日の紀元節に県と山口市の共催で、建国祭式典が県庁前庭で開催された。このとき斉唱された「山口県民歌」は、県民から歌詞を募集し、六〇〇編の中から選ばれた佳作を萩市出身の渡辺世祐が改訂、防府市出身の信時潔が作曲した〔※1〕。萩を歌った二番歌詞は次である。

〽幾百年の妖雲拂い天日の光四海を照す維新の偉業翼賛の誉負持つ我等ぞ山口県民、いざいざ仰け指月山焦土尊王の精神を……

それから半年を待たない同年七月に、第二次近衛文麿内閣が発足する。一〇月には新体制運動を推進する大政翼賛会が結成されている。

〔※1〕『山口県政史 下』二八九頁。

㊤ 境内に建築中の神楽堂（昭和10年・田村秀祐氏蔵）

㊦「二千六百年　拾五年式年記念」と刻まれている椿八幡宮の玉垣（令和５年５月）

# ⑦ 平成三年の大鳥居移転

椿八幡宮の正面の大鳥居（享保六年夏奉納、四八-四九頁）は、昔は神社から少し離れた田村秀祐さんの家の前に建っていた。そこが往時の境内の端であった。それが道路の拡張工事等により、平成三（一九九一）年三月に現在地（神社前）に移転されたのだ。工事を請け負った㈲新川松村組に工事中の写真が残っていたので紹介する。

写真は上段が、移転前の田村秀祐さん宅前の大鳥居。中段は、解体された石鳥居が細心の注意をもってクレーンとトラックで神社前に移動中の様子。下段が椿八幡宮の前に再設置され、組み立てられているところ。

# 資料編

## 柏本秋生氏に聞く

萩市役所商工観光部文化財保護課総括専門職

歴代宮司名を刻んだ八角柱墓（移転前の大夫塚・平成19年2月）

1　椿八幡宮大宮司青山氏奥都城『大夫塚』墓誌銘文

2　椿八幡宮大宮司青山氏奥津城関係石造物銘文

3　椿八幡宮石造物銘文

4　椿八幡宮都波岐神苑石碑

椿八幡宮の石造物を調査する柏本氏

# 1　椿八幡宮大宮司青山氏奥都城『大夫塚』墓誌銘文

八幡宮大宮司青山氏奥都城『大夫塚』墓誌銘文

（正面刻銘）

椿八幡宮大宮司青山氏奥都城『大夫塚』墓誌

椿八幡宮大宮司青山氏は安芸国郡山城主毛利氏譜代の神主家にして青山左近大夫藤原元親を元祖とする。椿八幡宮御由緒旧記によれば安芸国高田郡土師村高杉大明神の神主青山元親は、毛利元就公の御前に仕へ、慶長五年（一六〇〇）関ヶ原戦後、元親はその子元吉とともに毛利輝元公に御供して土師村より萩城下に移り来り、輝元公より直々に公の御名乗りの下の字を賜り、指月山築城に際して、四神相応の方角を見立て地鎮祭を仰付けられ、椿八幡宮大宮司を拝命した。爾来、青山氏は幕末に至るまで初代より第十代の間同宮の大宮司を努めた。明治維新時、第九代大宮司青山上総介長清（清・一介・通称上総）は、宇部琴崎神社に福原越後公の神霊を祀り、その後、下関桜山招魂場落成につき、高杉晋作らと大祭執行。明治になると母親千世と共に東京に移住し、のちに東京九段の靖国神社初代宮司となり、椿八幡宮は清の嫡子武主（通称春木）が継ぐが、春木は明治六年十二月父清に呼ばれて上京する旅の途中で病を得、東京に於いて死去した。大夫塚には宗久、宗直、直賢、雄忠、長宗、春木の歴代大宮司と、所縁の一族の墓大小合わせて凡そ三十基があったが、平成十九年山陰高速道路建設のため移転を余儀なくされ、土地所有者塩見久浩氏の御好意により此の地を新たなる「大夫塚」に選定した。

平成二十年三月朔日

椿八幡宮大宮司家青山家分立
鶴江神明宮宮司　第九代　高田勝彦

（背面刻銘）

椿八幡宮大宮司青山氏歴代

初代　青山左近大夫藤原元親　元和九年九月六日神去
（中次）青山元吉（伝美濃守）
二代　青山権少輔藤原宗勝　寛文七年四月二十五日神去
三代　青山冨春霊神　左近衛将監正六位藤原宗久
元禄九年十一月八日神去
四代　青山遺迹霊神左京亮従五位下藤原宗直
享保十八年四月二十五日神去
五代　青山奇護霊神権少輔従五位下藤原敬光
明和八年五月二日神去
六代　青山鎮居霊神蔵人藤原直賢
寛政三年正月十三日神去
七代　青山重塲霊神摂津守正五位藤原雄忠
文化十三年閏八月十八日神去
八代　青山長宗霊神駿河守従五位下藤原長宗
天保十二年十月十七日神去
九代　青山清　従七位（上総介長清）
明治二十四年二月九日神去
（七十七歳、墓は東京都青山霊園）
十代　青山武主　従五位下（清嫡子、通称春木）
明治六年十二月二日神去二十三歳

## 祭祀

墓所移転奉告祭并びに奥都城改葬慰霊祭
斎主　鶴江神明宮宮司　高田勝彦

大夫塚移転時の関係者
墓地世話役　塩見久浩
東京都青山本家十三代当主　青山正樹（故人）
東京都青山本家十四代当主　青山恵一
東京都青山本家（十二代七十六郎二男）　青山茂
青山氏分立　鶴江神明宮宮司　高田勝彦
山口県青山清・子孫　堀雅昭
広島県土師青山氏十五代当主　青山幹生
広島県土師青山氏（幹生弟）
日光東照宮禰宜　青山隆生
石匠　萩市・上田墓石彫刻店　上田智幸

大夫塚移転時の賛同者（子孫・縁戚関係者）
東京都青山本家関係　山口佳代子　青木孝子
山口県青山清・子孫関係　信永央子　村上容子　邑岡宣昭　櫻江充子　小田絹江
広島県土師青山氏子孫関係　青山康雄　青山勉　青山貴之　青山博之　青山武司

平成二十年三月廿日竣工

椿八幡宮周辺地図（柏本秋生氏作成）

# 2 椿八幡宮大宮司青山氏奥津城関係石造物銘文

堀　柏本さんとは青山大宮司家の墓所移転のときからのお付き合いなので、もう一五年くらいになりますか。

柏本　墓所の移転のときに、ご先祖の墓の調査をして欲しいと電話されたので、そこからなら、そうなりますかね。

堀　これまで、柏本さんが調査された資料がありますね。歴代の大宮司は八角形墓に刻まれていますが、それ以外の女性や子供の墓石です。こちらは自然石で山際に一ヶ所に置かれていましたが、今は新しい墓所の墓碑の後ろに集めています。そこに刻まれた戒名の調査資料もそうですね。

柏本　まだ、完全には読みきれていませんが、以下がその記録です。

平成20年3月の「大夫塚移転奉告・慰霊祭」の様子

※一つの墓石に複数の戒名が記載されている場合、もっとも古い年代を代表とした。■は未解読文字。

①普花屋妙春信女墓（元禄11＝1698）
（自然石墓石正面刻銘）
元禄十一戊寅年
普花屋妙春信女
二月二十七日

②釈玄信士墓（寛延2＝1749）
釈妙浄信女墓（文政8＝1825）
（自然石墓石正面刻銘）
寛延二己巳二月
涅槃釈玄信士
（自然石墓石背刻銘）
文政八
釈妙浄信女
八月十七日

③釈蓮■信士墓（宝暦元＝1751）
釈心覚悦貞信女墓（文化六＝1809）
（自然石墓石正面刻銘）
宝暦元六月五日
蓮■信士
釈心覚悦貞信女
文化六巳十二月廿六日

④帰真釈尼妙■信女墓
（宝暦＝1751～1764）
（自然石墓石正面刻銘）
宝暦■
帰真釈尼妙■信女
田吉左衛門

⑤瓊■■墓（天明3＝1783）
（自然石墓石正面刻銘）
天明三■
早世瓊■
九月

⑥幻天童女墓（天明5＝1785）
（自然石墓石正面刻銘）
天明五
早世幻天童女
九月廿日

⑦恵了日喜法印墓（天明7＝1787）
（無縫塔正面刻銘）
天明七未
恵了日喜法印
十二月十一日

⑧旭峰院輝雲寿光信士墓（天明8＝1788）
（自然石墓石正面刻銘）
天明八申
旭峰院輝雲寿光信士
正月六日

⑨根誉秀見信士墓（安永5＝1776）
（自然石墓石正面刻銘）
安永五申
根誉秀見信士
九月晦日

⑩法岸妙性信女墓（文化6＝1809）
（自然石墓石正面刻銘）
文化六酉三月廿三日
法岸妙性信女
藤兵衛

⑪釈浄道信士墓（文政10＝1827）
（自然石墓石正面刻銘）
文政十■正月十日
釈浄道信士

⑫安誉■順信士墓（嘉永4＝1851）
（自然石墓石正面刻銘）
嘉永四亥三月二日
安誉■順信士
田中■右エ門

⑬釈妙音信女墓（安政2＝1855）
（自然石正面刻銘）
安政二卯
釈妙音信女
三月十四日

⑭涅槃釈玄信士墓（寛延2＝1749）
釈妙浄信女墓（文政8＝1825）
（自然石墓石正面刻銘）
寛延二己巳二月
涅槃釈玄信士
（自然石墓石背刻銘）
文政八
釈妙浄信女
八月十七

---

柏本　これらは亡くなられた順に並べています。「釈」が多く使われているので、浄土真宗のお寺で弔われていた方も見受けられます。

堀　浄土真宗ですか……。実は、山口県文書館の「長州諸社」には、青山大宮司家七代の青山雄忠が「青山縫殿」の名で永福寺の「宮坊」を兼ねていたと書いてあります（五三頁）。

今、椿八幡宮の裏手に光福寺がありますが、『萩大絵図』（第二章扉、三七頁）を見ますと、その辺りに永福寺があったのではないでしょうか。正式には「真言宗修多羅山永福寺」と呼ばれており、『防長風土注進案』では「延喜年」（九〇一－九二三年）に、逆髪親王が建てたことになっています（二〇頁）。

椿八幡宮の周辺には、逆髪親王伝説が多いのですが、それはそれとして、浄土真宗ではありませんね。

柏本　青山家の旦那寺が永福寺なら、昔の墓所（大夫塚）にあった墓石を墓碑の裏に集めておられる全てが青山宮司家の血縁者と考えないほうが良いのかもしれません。神社に関係した一般の人の墓の可能性もあるので、さらに調査が必要でしょう。

堀　だとすれば、各墓石の銘文は、「大宮司青山氏奥津城関係石造物銘文」と呼ぶのが正確かもしれません。

柏本　そうでしょうね。

堀　では、本書ではそうしましょう。

# 3　椿八幡宮石造物銘文

堀　本書では、柏本さんによる椿八幡宮の鳥居や県社碑などの調査結果も活用させて戴きました。それを少し紹介させて戴きます。

①椿八幡宮一の鳥居（享保6＝1721）
（向右柱刻銘）
防長国主大江吉元
（向左柱刻銘）
享保六辛（扁額刻銘）
椿八幡宮　田中龍夫謹書

②椿八幡宮二の鳥居（文政4＝1821）
（向右柱正面刻銘）
本州阿武郡萩府鎮護椿八幡宮之華表
（※下部に漢文あり、判読困難）
（向左柱正面刻銘）
文政四年辛巳八月穀旦建焉
（扁額刻銘）
椿八幡宮　田中龍夫謹書

③縣社碑（明治8＝1875）
（正面刻銘）
縣社
（向右刻銘）
氏子中
明治八年十月十三日
石匠師
末成善利
（向左刻銘）
祠官　吉屋清躬
祠掌　吉屋種萬

④椿八幡宮二の鳥居再建碑
（昭和8＝1933）
（正面刻銘）
帝国在郷軍人会萩市椿分会再建之
（向右刻銘）
此の華表及石燈籠は満洲事変勃発二周年記念奉仕事業として此地に再建せるものなり
（向左刻銘）
昭和八年九月十八日

堀　柏本さんから見て、興味深かったものは何でしょうか。

柏本　どれも興味深いのですが、例えば③の「縣社碑」を見ると、明治八年の社祠が吉屋清躬と書いてありますね。

堀　吉屋家は第二章②（四〇頁）で見たように、毛利家支配以前に春日神社の大宮司家でした。萩では青山大宮司家と縁続きの井上治部が安芸国から入って萩城内の宮崎八幡宮の大宮司となりますが、間もなくして辞めると、吉屋家が、そこの大宮司を担うようになりました。

柏本　『萩先賢忌辰録』には、その宮崎八幡宮の社司・吉屋摂津の子が吉屋清躬と出てきます。もとは「業昌」を名乗り、近藤芳樹に国学を学んだ歌人でもあったようで、明治四〇年一一月に七〇歳で没しています。

堀　他に、面白いのは？

柏本　④の満洲事変勃発二周年の記念として、萩農林事務所畜産部の門前の石鳥居が再建されていたことです。

堀　文政四年の鳥居ですね。あれは元は萩駅の所にあったのが、駅ができるので、大正の終わりに除けられていた鳥居（一一〇-一一一頁）でしたね。

柏本　そうです。取り除かれた鳥居が、近くに長く置かれていたようです。

# 4　椿八幡宮都波岐神苑石碑

堀　境内の「都波岐神苑」の碑文も翻刻なさってくださり、助かりました。

柏本　表面が風化して、読めないところもありますが、裏に書いてある文字は、だいたいこんな内容でした。

（背面刻銘）

今年挙けさせ給ふ御即位の大典を永遠に記念し奉り且は■■の椿八幡宮の風致にも添へはやと社司宮原牧太ぬしが神苑乃設置を企てそ　の事を我が会に議られけるを志は誠によき事なりとて去年の三月十日工を起す会員の労力を費す■■一千二百五十七人にして同年十月一日に工を竣へ都波岐神苑と名けぬよりてその事の■■を石に彫りて建つるになむ

大正四年十月

椿村青年会長正七位勲五等平野斌

柏本　『萩の百年』には、この石碑の紹介があってですね。それによると、石碑を建てた平野斌という人は、椿村青年会の会長だったようです。大正天皇のご即位記念として、宮司の宮原牧太が神苑造営を発議して、大正三（一九一四）年三月一〇日から工事をはじめて、一〇月一日に完成したと書いてあります。作業に奉仕した人は一二〇〇名を超えたようで、二〇〇〇本のツツジが植えられたということです。

堀　ずいぶん大がかりな工事だったのですね。ツツジも綺麗だったのでしょう。他に、この平野斌さんについて、分かっていることはありますか。

柏本　『萩先賢忌辰録』（一二四頁）に沖原の人で、「陸軍大尉、郡会議員、最後の椿村長、阿武郡農会長、萩農会長、萩製糸株式会社取締役、椿村青年団長及び処女会長、在郷軍人分会長等をつとめて地方発展に寄与す」と書いてあります。お墓は長蔵寺にあって、戒名は「盡忠軒誠道義武居士」。昭和四（一九二九）年一月一〇日に、六〇歳で亡くなられています。

堀　宮原牧太宮司については……。

柏本　これも『萩先賢忌辰録』（三六二頁）に昭和二（一九二七）年四月九日に、八三歳で没したとあります。お墓は「光福寺の上」にあるようですね。

堀　明治になっての宮原宮司の時代には、もう青山大宮司家の墓所「大夫塚」には葬られていないわけですね。

柏本　そうでしょう。宮原牧太宮司の位階は「正七位勲五等」となっています。

堀　それで思い出しましたが、青山大宮司家時代の位階は、貴族の最下位「従五位下」が多いのです。しかし明治維新に貢献し、靖国神社の初代宮司になった青山清は従七位に落とされています。大宮司家を継いですぐ早死にした春木は、従五位下に戻りますが、あれはいったい何でしょう。

柏本　よくわかりませんね。

堀　明治維新に貢献したはずなのに、全く謎ですナァ。ハハハハ……。

# 椿八幡宮関係◉歴代宮司

《(古代)〜平安時代》

**祇園社**(椿八幡宮の母体・椿一族系)
開化天皇一五(紀元前一四三年)年創建
〔伝説のみ〕
**椿友家**(椿の長)

《鎌倉・南北朝・室町・戦国時代》

**椿八幡宮**(椿一族系大宮司家)
仁治四(一二四三)年創建

① **伊桑宗吉**(椿友家の娘婿)
② **伊桑友国**
③ **伊桑国次**
④ **伊桑宗通**(多良姓に改める)
⑤ **多良忠定**
⑥ **多良宗實**
⑦ **多良幸重**
⑧ **多良方勝**
⑨ **多良宗安**

《藩政期》(青山大宮司家)

① **青山元親**(青山左近太夫)
② **青山宗勝**(多良宗安の子息)
③ **青山宗久**
④ **青山宗直**
⑤ **青山敬光**
⑥ **青山直賢**
⑦ **青山雄忠**
⑧ **青山長宗**
⑨ **青山上総介**
(青山清＝靖国神社初代宮司)
⑩ **青山春木**

《明治・大正・昭和・平成・令和時代》

**吉屋清躬**
**宮原牧太**〔※〕
**宮原道廣**
**宮原修**
**宮原彊**
**宮原恭子**

〔※〕明治になって、美東町の赤より、宮原牧太を宮司として迎えたと聞いている(田村秀祐氏談)。一方で、赤に鎮座する赤郷八幡宮の宮原三郎宮司(第一五代)によると、同社社家の家系図に「宮原牧太」という人は確認できないとのこと。分家筋の人の可能性があるとの話であった(令和五年八月一〇日取材)。

《江戸時代・青山大宮司家分流》

**鶴江神明宮**
平安時代初期に創建
享保八(一七二三)年に山頂に遷座

**高田重次**(高田宮司家初代)
**高田勝麿**
**高田勝政**
**高田勝繁**
**高田勝範**
**高田豊**
**高田盛穂**
**高田勝彦**
**高田伸彦**

開化天皇一五（〔伝〕紀元前一四三）年
〔伝〕椿の神霊を祀る祇園社の創建

弥生時代
椿八幡宮近くに「椿遺跡」が発生

白雉元（六五〇）年
椿八幡宮大宮司家の祖先・草壁連醜経が白雉を朝廷に献上

天平一〇（七三八）年
巨曾倍津島朝臣が、「長門なる　沖つ借島奥まへて　吾が思ふ君は　千歳にもがも」の歌を詠む

大同二（八〇七）年
高田荒神社の創建

平城天皇期（八〇六-八〇九年）
椿常行により鶴江神明宮が創建

醍醐天皇期（八九七-九三〇年）
〔伝〕逆髪親王が祇園社を現在地（椿八幡宮鎮座地）に降ろす

文治二（一一八六）年
佐々木高綱が長門国守護に就任

建久六（一一九五）年
東大寺大仏殿再建の落慶供養会

仁治四（一二四三）年
佐々木高綱の名で椿八幡宮が創建（最初の鎮座地は旧川上村立野）

寛元二（一二四四）年
与牧権現社（江牧社）の創建

弘安二（一二七九）年
明木権現社の創建

正和三（一三一四）年
木部（吉部）を経由して、地頭の三好康久が現在地に椿八幡宮を遷座

慶長五（一六〇〇）年
安芸国土師村の青山元親が毛利氏の氏神「平野大明神」を携えて長州に入る

慶長九（一六〇四）年
青山元親（青山大宮司家初代）が萩城の地鎮祭を行う

慶長一三（一六〇八）年
宮崎八幡宮が安芸国から萩城内に遷座。井上治部が大宮司になる

元和六（一六二〇）年
青山宗勝（青山大宮司家二代）が伊予国から伊予八幡宮の祭神と矢野伯耆守を迎え、江向に同社を分霊

明暦二（一六五六）年
大照院の建立期に、逆髪親王を祀る西田荒神社を濁淵に創建

延宝七（一六七九）年
玉井市祐清定の宝刀が、椿八幡宮に奉納される

延宝八（一六八〇）年
宮崎八幡宮大宮司の井上治部が息子の勘解由と共に遠島になる

元禄一一（一六九八）年
青山宗直（青山大宮司家四代目）が松本橋の渡初式を行う

享保六（一七二一）年
五代萩藩主の毛利吉元が、椿八幡宮に大鳥居を寄進

享保八（一七二三）年
鶴江神明宮が鶴江山から麓の現在地に遷座

明和八（一七七一）年
青山大宮司家七代が京都の吉田神社の吉田兼雄の「雄」の一字を拝領して青山雄忠を名乗る

文化一二（一八一五）年
青山清（青山大宮司家九代・靖国神社初代宮司）が誕生

文政一三（一八三〇）年
郡司家が椿八幡宮に銅製狛犬奉納

天保九（一八三八）年
初入城した一三代萩藩主の毛利敬親が、椿八幡宮に正式参拝

天保一五（一八四四）年
青山清の家（椿八幡宮）で、近藤芳樹らと令義解の輪講会を開催

弘化三（一八四六）年
青山清が「平野大明神」再興に奔走

安政二（一八五五）年
姥倉運河が竣工し、祭壇を設けた船で青山清が竣工祭を斎行。

文久二（一八六二）年
『萩城六々哥集』刊行。青山清が「水辺鶯」を発表

文久三（一八六三）年
青山清が同志らと藩政府に「神祇道建白書」を提出、京に上る。青山清が吉田栄太郎に「年麻呂（稔麿）」と命名

元治元（一八六四）年
青山清の招魂祭で山口赤妻に錦小路頼徳神社（現、赤妻神社）が創建

慶応元（一八六五）年
青山清の招魂祭で秋穂の朝日山招魂社が創建。同じく琴崎八幡宮に福原越後が合祀（祭主は福原芳山）。同じく下関の桜山招魂社が創建（吉田松陰の神霊を合祀）。吉田松陰の父・杉百合之助が椿八幡宮を頻繁に参拝

慶応三（一八六七）年
青山清が小野為八と西市の安徳天皇御陵墓と阿弥陀寺の安徳天皇御陵墓を調査。山口で錦御旗を密造、青山清が祝詞を上げる

慶応四（一八六八）年
長府藩が仲哀天皇御殯斂地と安徳天皇御陵墓の修理工事を開始

明治四（一八七一）年
青山清が東京招魂社の祭事係に

明治五（一八七二）年
大宮司家の世襲が禁止される

明治六（一八七三）年
椿八幡宮が県社になり、旧来の神官の給与が廃止。青山春木が死去

明治八（一八七五）年
吉屋清躬が椿八幡宮宮司

明治九（一八七六）年
萩の変で椿八幡宮が全焼

明治一二（一八七九）年
東京招魂社が靖国神社と改称。青山清が初代宮司になる

明治四一（一九〇八）年
永留傳造が「日本海大海戦　紀念」画（模写）を椿八幡宮に奉納

大正三（一九一四）年
椿八幡宮境内に「都波岐神苑」落成

大正一三（一九二四）年
萩駅の設置で「文政四年の鳥居」が移動

大正一五（一九二六）年
椿八幡宮の社殿屋根工事が竣工

昭和一五（一九四〇）年
紀元二六〇〇年記念で玉垣造営

平成三（一九九一）年
毛利吉元（大江吉元）が享保六年夏に寄進した大鳥居が、田村秀祐氏宅の前から、神社入り口に移設

## 西日本の「椿の社」（大分県国東市・福岡県飯塚市・島根県松江市）

### 椿八幡神社（大分県国東市武蔵町）

大分県国東市の椿八幡神社は国東半島の東側、武蔵川の河口から約一、五キロメートル遡った地に鎮座している。祭神は八幡大神（応神天皇）、比売大神、神功皇后である。

入口の石鳥居の前にそびえる巨大な楠が御神木という。

境内の説明板には、近くの御在所山に天平神護元（七六五）年一〇月八日に鎮座したのが始まりとある。

総本社・宇佐八幡宮の創建（神亀二年〔七二五〕）から僅か四〇年後の創建である。御在所山には元宮と呼ばれる小社が残り、現在地への遷座理由は、治安三（一〇二三）年の火災だった。

以来、八幡総本社の宇佐神宮の末社への行幸会が六年に一度執行されたが、江戸時代が始まってすぐの元和二（一六一六）年頃に途絶えている。

一方で、残念ながら「椿」名の由来は不明であった。

なお、奈良の東大寺の建立と御神託で、宇佐神宮が深く関わったことはよく知られている〔※1〕。萩の椿八幡宮は東大寺再建期に、この事業に功労した佐々木高綱の名で創建されているので、八幡信仰と東大寺のつながりは興味深いものがある。

国東市の椿八幡神社（令和５年６月）

〔※1〕『続日本紀　三』（一九九二年『新日本古典文学大系14』岩波書店）九七頁。「神我天神・地祇を率ゐいざなひて必ず成し奉らむ。……」

### 椿八幡宮（福岡県飯塚市椿）

福岡県飯塚市の椿八幡宮は、「椿」という地の道路沿いに、人工的な白い大鳥居の姿で現れる。本殿はそこから奥に入った場所で、祭神は応神天皇、神功皇后、武内宿祢の三柱だ。

境内の「由来の記」（説明板）によれば、神功皇后が三韓征伐（新羅、百済、高句麗）の帰途に立ち寄り、堅い木で作られた「剣の鍔（つば）」を奉納されたので「ツバキ」（鍔木→椿）の名が起こったとしている。

また、貝原益軒の語るところでは、神社前に「海石榴樹」があり、これが

「椿村」の由来という。そもそも椿村は宇佐神宮の「神領」でもあったそうだ(『益軒全集之四』)。すなわち奈良時代以後は宇佐神宮の「椿荘」となり、椿荘(筑前国穂波郡)の惣社「穂波新宮」として寛平九(八九七)年に創建されていたのである(『西南地域史研究 第一一輯』「筑前国椿荘と椿八幡宮」)。飯塚市の「椿荘」は、宇佐神宮と密接に関係した地であった。

飯塚市の椿八幡宮(令和5年6月)

## 八重垣神社の夫婦椿

(島根県松江市佐草町)

松江市役所から南へ約六キロの「佐草」の地に、八重垣神社が鎮座する。

スサノオノミコトが八岐大蛇から護った稲田姫(『古事記』)との新居の地が、八重垣神社の発祥である。いま、その鳥居前に「夫婦椿 連理玉椿」の立札のある大きな椿がある。享保二(一七一七)年の松江藩の記録『雲陽誌』に、「鳥居の前に連理の椿あり」と見えるので、古くから霊樹として知られていたようだ。そこに稲田姫が植えた二本の椿が一心同体になったことで、「連理玉椿」、すなわち夫婦和合の椿となったとの説明が見える。

この夫婦椿(連理玉椿)を有名にしたのは明治二三(一八九〇)年から翌二四年にかけて松江にいた小泉八雲(ラフカディオ・ハーン)だった。氏の「八重垣神社」(『新編 日本の面影Ⅱ』)にはスサノオノミコトと稲田姫、佐草命(二人の子)を祀る同社の「玉椿」を「夫婦愛の象徴」、「縁結びの神」と書かれている。境内には山神神社の横に「夫婦椿 乙女椿」、さらに奥に「夫婦椿 子宝椿」と、霊樹としての「椿」が多くある。八重垣神社は夫婦愛、恋愛の象徴としての「椿」の社である。

八重垣神社の「夫婦椿」
(令和5年8月)

椿八幡宮庭園の石橋。欄干に「発起人 中村正蔵　林勝三郎」とあり、「明治廿三年八月吉日」と刻まれている（令和5年5月）

# あとがき

曾祖母（野村ヒサ）の祖父・青山清の実家でもある椿八幡宮を調査するうちに、古代にまでさかのぼり、調べる範囲が拡大した。そのこともあって、萩市役所商工観光部文化財保護課総括専門職の柏本秋生氏の協力は心強かった。

後で知ったが、柏本氏とは山口大学で同じころに学生時代を過ごしていた。しかも本書の出版が氏の仕事上の総仕上げの年（定年）と重なるので、それなら柏本氏がこれまで調査した資料も活用しようということになり、巻末に「資料編」として「柏本秋生氏に聞く」を据えることにしたのである。

一方で、椿郷の地名起源ともなった椿八幡宮の宮司家は、古代律令国家のスタート期に白雉を朝廷に献上した草壁連醜経をルーツに持ち、明治近代の幕開けでは靖国神社の初代宮司を誕生させていた。後者については子孫縁者も聞いてはいたが、前者はこれまで意識の埒外にあった。

こうした古い歴史を有する椿八幡宮ではあるが、これまであまり研究されてこなかった。もっとも九州大学大学院（人間環境学研究院　都市・建築学部門　建築・都市史研究室）が「椿八幡宮　調査報告書」に着手し、本殿や拝殿の正確な平面図や立面図を手掛けていたが（図版作成時期は平成一七〔二〇〇五〕年）、結局これも未完で、今に至っている。

その意味で、明治以後にはじめて編纂された椿八幡宮社史（ビジュアル版）となった。『靖国の源流　―初代宮司・青山清の軌跡』や『靖国誕生　―幕末維新から生まれた招魂社』（以上、弦書房）、『靖国神社とは何だったのか』（宗教問題）などの青山清の評伝執筆の開始期からトータルすれば、調査は一五年以上を費やしたことになる。付言すれば「第三章　青山清の明治維新」は、『山口県史　通史編　幕末維新』の「第三編　第十九章」が取りこぼした幕末維新期の招魂祭史を補完する資料にもなるはずだ。

今回もまた、近い親戚である宇部市の邑岡宣昭さんや櫻江充子さんには、ずいぶんとお世話になったし、東京青山本家の青山清旧蔵資料も快く活用させて戴けた。本書の発行をきっかけに、多くの人たちに椿八幡宮の魅力を再発見して戴ければ、社史刊行委員会も役割を果たせたことになろう。

最後になったが萩市役所や萩市立図書館、山口県文書館、山口県立図書館、宇部市立図書館にはレファレンスや資料の取り寄せでお世話になった。同様に、巻末の「西日本の〈椿の杜〉」では国東市役所の文化財課、福岡県立図書館、島根県立図書館にも助けて戴いた。すべての皆様に、この場を借りてお礼を申し上げる。

堀　雅昭

山口県に残った青山清の3人の孫娘たち。左からヒサ、トヨ、マス（明治末・堀雅昭蔵）

# 主要参考文献


〈**古文書類**〉

『四社略系』（山口県文書館蔵）

『椿八幡宮御由緒旧記』（山口県文書館蔵・椿八幡宮旧蔵の同書写し）

『椿社記并御判物写』（山口県文書館蔵）

『椿八幡宮誌』（山口県文書館蔵・昭和一六年四月に宮原道広が調査した資料）

『旧山口藩神社明細帳』（山口県文書館蔵）

「高田郡土師村宮司由緒之事」（青山幹生氏旧蔵）

『忠正公伝』（山口県文書館蔵）

〈**一般書籍**〉

萩市史編纂委員会〔編〕『萩市史　第一巻』ぎょうせい、平成五八年

関秀夫『経塚遺文』東京堂出版、昭和六〇年

山本博「長門の地頭見島氏一族」（萩市立図書館蔵『大阪学院大学論叢　第25・26号〔坂橋菊松教授米寿記念号〕別刷』一九七五年二月）

『山口県埋蔵文化財センター調査報告第192集　萩市大井地区所在遺跡』山口県教育委員会、令和二年

『山口県埋蔵文化財センター調査報告第72集　椿遺跡』財団法人山口県人づくり財団・山口県埋蔵文化財センター、二〇一〇年

井上光貞〔監訳〕『日本書紀㊦』中央公論新社、二〇二〇年

近藤清石〔編〕『増補　防長人物誌』防長史談会、昭和七年

木梨恒充『八江萩名所図画』（一～六・附録）明治二五年、山縣篤蔵

山口県文書館〔編〕『防長風土注進案　美祢宰判』山口県立山口図書館、昭和三七年

村田峯次郎〔編〕『長門国誌　長門金匱』明治二四年

長谷川天渓〔校訂〕『名家漫筆集』博文館、昭和四年

山口県地方史学会〔編〕『防長地下上申第四巻』マツノ書店、昭和五五年

金子元臣『萬葉集評釈（第三冊）』明治書院、昭和一五年

村田峰次郎『品川子爵伝』大日本図書、明治四三年

塚本哲三〔編〕『日記紀行集』有朋堂書店、大正一一年

山口県文書館〔編〕『防長寺社由来　第六巻』山口県文書館、昭和六〇年

山口縣神社誌編纂委員会〔編〕『山口縣神社誌』山口県神社庁、平成一〇年

青山幹生・青山隆生・堀雅昭『靖国の源流―初代宮司・青山清の軌跡』弦書房、二〇一〇年

川上村史編集委員会〔編〕『川上村史　資料編』川上村、平成一二年

近藤清石〔編〕『山口県風土誌（十一）』歴史図書社、昭和四八年

御園生翁甫『防長地名淵鑑』御園生防長研究所、昭和六年

村田峯次郎〔編〕『萩古実未定之覚』明治二四年〔復刻版・マツノ書店、昭和四八年〕

山口県〔編〕『山口県史　史料編　中世1』山口県、平成八年

『吾妻鏡』（黒坂勝美〔編〕『新訂増補　國史大系第三十二巻　吾妻鏡　前編』國史大系刊行会、昭和一〇年〔再版〕）

岡田俊太郎〔編〕『藝藩通志　巻三』広島図書館、大正元年

宮本常一『ダムに沈んだ村の民具と生活』八坂書房、二〇一一年

「毛利三代実録」（山口県〔編〕『山口県史　史料編　近世1上』山口県、平成一一年）

大田報助〔編〕『毛利十一代史　第二冊』マツノ書店、一九八八年

平野岑一『長州之天下』日東堂書店、大正元年

坂井忠夫〔編〕『萩市誌』萩市役所、昭和三四年

萩市史編纂委員会〔編〕『萩市史年表』萩市、平成元年

『福原家文書　別巻』渡辺翁記念文化協会、平成一〇年

山本勉弥・河野通毅『防長ニ於ケル郡司一族ノ業績』藤川書店、昭和一〇年

『萩の物語記録集　2012』萩市まちじゅう博物館、二〇一三年

三坂圭治『防府の今昔』防府史談会、昭和四二年

安丸良夫『神々の明治維新』岩波書店、一九七八
広島大学大学院文学研究科附属内海文化研究施設〔編〕『内海文化研究紀要　第四〇号』広島大学大学院文学研究科附属内海文化研究施設、平成二四年
下関市教育委員会〔編〕『白石家文書』下関市教育委員会、昭和四三年
山本勉弥『大萩雑話』萩文化協会、昭和三〇年
徳富猪一郎『公爵山県有朋伝　上巻』山県有朋公記念事業会、昭和八年
高橋義雄『山公遺烈』慶文堂書店、大正一四年
『幽囚録』（山口県教育会『吉田松陰全集　第二巻』大和書房、昭和五五年）
山口県教育会『吉田松陰全集　第十巻』大和書房、昭和五五年
村岡繁〔編〕『松陰吉田寅次郎伝』松陰遺墨展示館、昭和五〇年〔五版〕
岡原義二〔編〕『青木周弼』青木周弼先生顕彰会、昭和一六年
一坂太郎〔編〕『高杉晋作史料　第三巻』マツノ書店、平成一四年
福本義亮『吉田松蔭之殉国教育』誠文堂、昭和八年
時山弥八『増補訂正　もりのしげり』赤間関書房、昭和四四年〔復刻版〕
尚友倶楽部山県有朋関係文書編纂委員会〔編〕『山県有朋関係文書―2』山川出版社、二〇〇六年
安藤紀一『萩史料』昭和一〇年〔非売品〕
山口市〔編〕『山口市史　史料編近世2』山口市、平成二五年
豊北町史編纂委員会〔編〕『豊北町史』豊北町役場、昭和四七年
栗栖守衛『松陰先生と吉田稔麿』山口県教育会、昭和一三年
三田村鳶魚『三田村鳶魚全集　第十五巻』中央公論社、昭和五一年
三宅雄二郎『偉人乃跡』丙午出版社、明治四三年
『山口高等商業学校沿革史』山口高等商業学校、昭和一五年
森田康之助『湊川神社史・中巻〔景仰篇〕』湊川神社社務所、昭和五三年〔非売品〕
矢次冣輔『松陰及其後』昭和一〇年〔第三版〕
霞会館華族資料調査委員会〔編〕『東久世通禧日記　別巻』霞会館、平成七年
福本義亮『大楠公と吉田松陰』丸一書店、昭和一〇年
木村幸比古（編・訳）『新選組戦場日記』PHP研究所、一九九八年
田中助一『益田右衛門介親施』益田右衛門介親施公百年祭奉賛会、昭和三九年
堀山久夫〔編〕『国司信濃親相伝』マツノ書店、一九九五年〔復刻版〕
吉松慶久『秋穂二島史』山口市立二島公民館、昭和四四年
浅原義雄〔編〕『護国の柱・朝日の宮』朝日山護国神社、昭和四六年〔非売品・初版は昭和三七年刊〕
『櫻山の歌集』桜山神社、平成二〇年
『毛利家乗　十五』（毛利家乗巻之四十三）〔長府毛利（編）『復刻毛利家乗』防長史料出版社、昭和五〇年〕
堀真五郎『傳家禄』マツノ書店、平成一一年〔復刻版〕
宮内庁書陵部陵墓課〔編〕『陵墓地形図集成』学生社、二〇一四年
山口県教育会〔編〕『山口県百科事典』大和書房、一九八二年
『赤間神宮　―下関・源平史跡と文化財―』郷土の文化財を守る会、昭和六〇年
平田篤胤全集刊行会〔編〕『新修　平田篤胤全集　第8巻　神道三・道教一』名著出版、二〇〇一年
小松緑『錦旗を繞りて』千倉書房、昭和一一年
宮崎県総合博物館〔編〕『日向国の明治維新　―戊辰戦争から西南戦争まで―』宮崎県総合博物館、平成二〇年
新潟県立歴史博物館〔編〕『戊辰戦争一五〇年』新潟県立歴史博物館、平成三〇年
山口県神社庁〔編〕『旧藩別神社明細帳』山口県神社庁、平成一四年
高倉徹一〔編〕『田中義一伝　上巻』田中義一伝記刊行会、昭和三三年
山口県〔編〕『山口県史　史料編　近代1』山口県、平成一二年

萩市明治維新百年記念事業記念図書編さん委員会〔編〕『萩乃百年』萩市役所、昭和四三年
吉田祥朔『増補　近世防長人名辞典』（復刻版・マツノ書店、昭和五一年）
山本勉弥『萩碑文鐘銘集』萩文化協会、昭和二八年
山本勉弥『萩の歌人』萩文化協会、昭和三二年
山口県教育委員会文化課〔編〕『未指定文化財調査報告書4　山口県の絵馬』山口県教育委員会、昭和六一年
白名民憲〔編〕『われらの海軍』三越大坂支店、昭和五年
萩市史編纂委員会〔編〕『萩市史　第二巻』ぎょうせい、平成元年
『紀元二千六百年祝典記録　第十冊』（出版社不明〔一九四〇〕国立国会図書館デジタルコレクション）
堀内敬三『定本日本の軍歌』実業之日本社、昭和五二年
山口県文書館〔編〕『山口県政史　下』山口県、昭和四六年
『益軒全集之四』益軒全集刊行部、明治四三年
蘆田伊人〔編〕『大日本地誌大系27　雲陽誌』雄山閣、昭和五年
ラフカディオ・ハーン〔池田雅之・訳〕『新編日本の面影II』KADOKAWA、平成二七年

## ◉椿八幡宮社史刊行委員会

名誉会長　野村興兒（至誠館大学学長・元萩市長）

会　　長　堀雅昭（作家・UBE出版代表・青山清子孫）

特別顧問　宮原恭子（椿八幡宮宮司）
相 談 役　榎谷隆夫（椿八幡宮氏子総代・榎谷農園3代目）
顧　　問　高田伸彦（鶴江神明宮宮司・青山大宮司家分流）
監　　修　青山隆生（土師青山家子孫・日光東照宮特別顧問）
協　　力　井上光順（井上馨子孫・東京都）

〈委員〉
山口佳代子（青山本家・東京都）
中麻原常伊（萩春日神社大宮司家子孫・宇部市）
邑岡宣昭（青山清子孫・宇部市）
櫻江充子（青山清子孫・宇部市）

広報部長　　　　内田多栄（宇部明るい社会づくり運動協議会）
ITアドバイザー　齊藤寛和（山口県よろず支援拠点）

編著者略歴 ◎ 堀 雅昭（ほり まさあき）

昭和三七（一九六二）年、山口県宇部市生まれ。宇部高等学校、山口大学理学部卒業。作家。UBE出版代表。厚東郷土史研究会顧問。

著書に『戦争歌が映す近代』（葦書房）、『杉山茂丸伝』、『ハワイに渡った海賊たち』、『中原中也と維新の影』、『井上馨』、『靖国の源流』、『靖国誕生』、『鮎川義介』、『関門の近代』、『寺内正毅と近代陸軍』（以上、弦書房）。『靖国神社とは何だったのか』（宗教問題）。『炭山の王国』、『維新の英傑 福原芳山』、『宇部日報一〇〇年小史』（以上、宇部日報社）。『琴崎八幡宮物語』（琴崎八幡宮）。『うべ歴史読本』（NPO法人うべ100プロジェクト）。『いぐらの館ものがたり』（阿知須地域づくり協議会）、『村野藤吾と俵田明』（宇部市制一〇〇周年出版企画実行委員会・弦書房）、『宇部と俵田三代』（宇部市制一〇〇周年出版企画実行委員会）、『エヴァンゲリオンの聖地と3人の表現者』、『復刻版「現代宇部人物素描」』（以上、UBE出版）などがある。

『椿の杜◎物語』

日本史を揺さぶった《長州神社》 萩◉椿八幡宮

編著 堀 雅昭
2023年10月1日 第1版第1刷発行
発行所 UBE出版

〒755-0802
山口県宇部市北条1丁目5－20
TEL 090-8067-9676
印刷・製本 UBE出版印刷部

山口県萩市鎮座・明治維新胎動之地

# 松陰神社

宮司◉白上陽一郎

〒758-0011　山口県萩市椿東 1537 番地

Tel.0838－22－4643/Fax.0838－22－4282

---

故郷《ふるさと》が大好きです。

*KyouWa*

# 協和建設工業株式会社

本社　山口県萩市大字椿 2370

TEL 0838-22-0928　FAX 0838-26-6216

東京支店/大阪営業所/津和野営業所/山口営業所/リファイン萩

https://kyouwagrp.jp

---

玉川 **春日神社**

宮司◉藤マサ

総代◉藤三郎（藤家18代）

当社は「野田藤」の名で知られた旧・藤之宮。植物分類学の父・牧野冨太郎博士は、日本のフジの標準和名をノダフジと命名しました。現在もメディアでも度々取り上げられる大阪の藤名所です

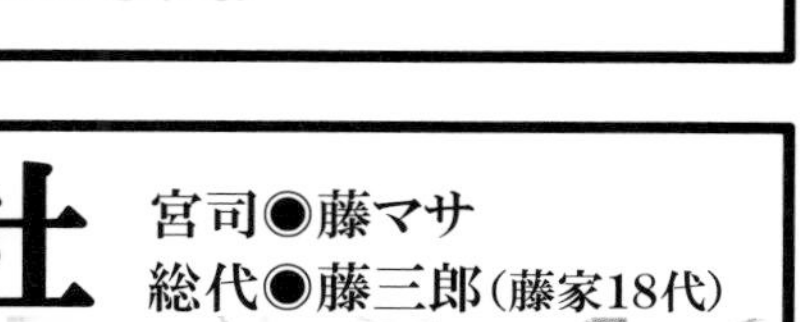

関テレ・ニュースランナー「兵動大樹の今昔散歩」にて。左が藤三郎

大阪市福島区玉川 2－2－7

刊行事業に協力してくださった企業様、団体様、個人様